Werner Schmidbauer

Neue Gipfeltreffen

Werner Schmidbauer

Neue Gipfeltreffen

Gespräche in den Bergen

Ein Buch zum Nachlesen und Nachgehen

ARISTON

Inhalt

Vorwort 6

»Ich bin eher wie ein Blatt im Wind«
Mit Andreas Giebel auf dem Seeberg 10

»Es gibt nichts Schöneres als etwas Schönes«
Mit Markus Wasmeier auf dem Wallberg 22

»Luxus ist für mich so ein Tag wie heute«
Mit Michaela May auf dem Heuberg 34

»Man muss auf dem Weg bleiben«
Mit Pater Anselm Grün auf dem Schweinsberg 46

»Ich hab mich nie gern einsperren lassen«
Mit Heiner Geißler auf dem Setzberg 58

»Das ist schon grenzwertig für einen Hamburger«
Mit Robert Atzorn auf der Kampenwand 70

»Wahrer Genuss ist, wenn einem was wirklich gelingt«
Mit Wolfgang Ambros auf dem Watzmann 82

»In den Bergen kriegt alles seinen richtigen Maßstab«
Mit Peter Hahne auf dem »Rentnergipfel« 94

»Ich hätt's mir ja selber kaum zugetraut«
Mit Christian Ude auf dem Breitenstein 106

»Mein höchstes Gut ist die Freiheit«
Mit Veronika von Quast auf dem Farrenpoint 118

»Heimat ist der Platz, wo ich ein paar Leute hab'«
Mit Franz Xaver Gernstl auf dem Jochberg 130

»Glück ist eine Haltung zur Welt«
Mit Ilse Neubauer auf dem Wank 142

Schmidbauers Gäste 154

Vorwort

»An einem schönen Panorama kann man sich nie satt sehen.«
(Markus Wasmeier)

Die Berge sind mein Lieblingsplatz. Seit meiner Kindheit bin ich fasziniert von ihrer ursprünglichen Kraft und Schönheit und treibe mich, wann immer es geht, in den Tälern und auf den Wegen und Gipfeln unserer bayerischen Alpen herum. Dennoch war es nie mein sportlicher Ehrgeiz, nach 8 1/2 Stunden Aufstieg bei minus 10 Grad auf dreitausend Metern in einem Biwak hängend ein Elektrolyt-Getränk zu mir zu nehmen und dabei auf eine eben bezwungene Wand hinunter zu blicken. Mich hat es immer mehr gereizt, mit einer guten Brotzeit im Rucksack gemütlich auf einen gut erreichbaren Voralpengipfel zu wandern, den wunderbaren Ausblick zu genießen und mich dabei mit guten Freunden zu unterhalten.

Vor fast vier Jahren habe ich meine Leidenschaft zum Beruf gemacht: Mit der Sendung *Gipfeltreffen* im Bayerischen Fernsehen entstand eine »Walkshow«, bei der ich mit spannenden prominenten Gästen gemeinsam auf einen Berg gehe. Dabei haben sich Gespräche von erstaunlicher Leichtigkeit und beeindruckender Tiefe entwickelt, denn der Berg ist gleichzeitig »Seelenöffner und Smalltalkverhinderer«. Das Fernsehpublikum teilt offenbar meine Leidenschaft für diese Art von Berggesprächen, denn sowohl das Interesse an der Sendung als auch am »Nachgehen« der

Touren ist gewaltig. Und so war ich seit der Veröffentlichung des ersten *Gipfeltreffen*-Buchs vor zwei Jahren mit einem weiteren Dutzend außergewöhnlicher Menschen in den Bergen und habe dort erneut aufregende Tage und bemerkenswerte Gespräche erlebt. Davon möchte ich in diesem zweiten Buch erzählen.

Wie im ersten Buch gibt es zu jeder Bergtour praktische Anfahrts- und Aufstiegsbeschreibungen. Zudem gebe ich Ihnen Tipps und Informationen über Gehzeiten, Rast- und Einkehrmöglichkeiten sowie über Schwierigkeitsgrade und »Kindertauglichkeit« der Touren an die Hand, damit Sie die *Gipfeltreffen* problemlos nachgehen können. Die Zeitangaben beim Gipfelweg beziehen sich immer auf den einfachen Weg zum Gipfel, die Seilbahnfahrt ist mit eingeschlossen. Rechnen Sie also bei den einzelnen Touren auch den Rückweg mit ein. Und denken Sie an das ungeschriebene Gesetz in Bayern: Wenn Sie Ihr Auto während der Wanderung auf dem Parkplatz eines Wirtshauses abstellen, kehren Sie als Dankeschön kurz beim Wirt ein. So können Sie sich entweder für den Aufstieg stärken oder nach Ihrer Rückkehr bei einem Radler verschnaufen – und auch der Wirt ist zufrieden.

»Ich kenne keinen Kummer, von dem ich mich nicht frei gehen kann.«
(Pater Anselm Grün)

Gleichzeitig möchte ich in diesem Buch von den wunderbaren Wanderungen und Gesprächen mit meinen prominenten Gästen berichten. Hier finden Sie interessante Details und Geschichten, die in der Sendung nicht zu sehen waren, und erfahren, warum so manches *Gipfeltreffen* gar nicht so einfach war, wie es im Fernsehen aussah, und welch große Rolle das Wetter in den Bergen spielt.

Und dann sind da noch die ganz besonderen »Schmankerl-Touren«, wie zum Beispiel die Gewalttour mit Wolfgang Ambros auf den Watzmann. Noch nie waren wir für ein *Gipfeltreffen* so hoch oben (2651 Meter), noch nie sind wir so viele Höhenmeter gestiegen, und noch nie haben wir in einer derart hochalpinen Umgebung ein Gespräch gedreht. Ein echtes Abenteuer für alle Beteiligten, aber die Begegnung der beiden Legenden Watzmann und Ambros war es wert. Oder die »Erstbesteigung« eines namenlosen Berges mit Peter Hahne: Der harmlose Grasgipfel liegt im Schatten des Spitzsteins in Tirol, ist kinderleicht zu besteigen und hat

eine tolle Aussicht. Nur hat man leider vergessen, ihm einen Namen zu geben. Die Einheimischen nennen ihn ein wenig abschätzig den »Rentnergipfel«, aber für uns war er eine echte Entdeckung.

Natürlich habe ich auch für dieses Buch wieder die schönsten Zitate und Anekdoten der prominenten Gäste sowie die beeindruckendsten Bilder gesammelt, damit Sie jedes einzelne *Gipfeltreffen* nicht nur nachlesen und nachgehen, sondern auch nacherleben können.

»Das macht demütig. Ein Paradies!«
(Robert Atzorn)

Eines hat mich in den vergangenen vier Jahren seit dem ersten *Gipfeltreffen* – neben der überwältigenden Zuschauerresonanz – ganz besonders beeindruckt: Der Kontakt zu meinen prominenten Gästen hat sich in vielen Fällen nicht nur auf die Sendung beschränkt. So verbindet mich z.B. mit Robert Atzorn, Barbara Rütting, Theo Waigel oder Alfons Schuhbeck seit dem *Gipfeltreffen* ein herzliches Verhältnis, das über die übliche professionelle Höflichkeit hinausgeht. Auch mit Schwester Theodolinde bin ich seither freundschaftlich verbunden. Zu Weihnachten schickte sie unserer Familie ein Päckchen, unter anderem mit einem selbst gestrickten Pullover für meine kleine Tochter. Zu ihrem 60. Geburtstag durfte ich sie kürzlich als Gratulant umarmen,

und ab und zu grüßt sie mich an Sonntagen frühmorgens mit einer E-Mail und lässt mich wissen, dass sie mich in ihr Morgengebet eingeschlossen hat.

»Wir haben es schon schön in Bayern, gell?«
(Veronika von Quast)

Das *Gipfeltreffen*-Team ist inzwischen zu einer echten Gemeinschaft zusammengewachsen, die in den Bergen ohne viele Worte selbständig und kreativ zusammenarbeitet. Der Kameramann Stephan Nöbauer, der mit seiner tragbaren Steadicam die Gespräche oft rückwärts bergauf gehend filmt, war bei allen 24 *Gipfeltreffen* dabei und hat sich Schritt für Schritt zur Seele der Produktion entwickelt. Als zweiter Kameramann hat sich der großartige Sepp Wörmann mit jeder Sendung mehr und mehr ins Team »gedreht«. Aber auch alle anderen Kamera- und Tonkollegen mit ihren Assistenten sowie die Cutter haben Erstaunliches geleistet und dafür gesorgt, dass ich mich nicht nur aus beruflichen, sondern auch aus menschlichen Gründen auf jedes *Gipfeltreffen* freue.

Diese Freude auf einen schönen Tag und ein einmaliges Gespräch in der Natur überträgt sich auch auf meine Gesprächsgäste. So ist es uns auch diesmal wieder gelungen, ganz besondere Gesprächsmomente in den Bergen festzuhalten – und in diesem Buch niederzuschreiben.

»Ich bin eher wie ein Blatt im Wind«

Mit Andreas Giebel auf dem Seeberg

Anfahrt

A 8
Ausfahrt Bad Aibling
Richtung Bad Feilnbach
Hundham
Aurach
Richtung Bayrischzell
Wendelstein-Bahn

Von München aus fahren Sie auf der Autobahn A 8 Richtung Salzburg bis zur Ausfahrt Bad Aibling. Nach der Ausfahrt biegen Sie rechts ab und fahren weiter Richtung Bad Feilnbach. Kurz vor Bad Feilnbach geht's rechts weiter, Richtung Hundham/Fischbachau/Bayrischzell. In Hundham biegen Sie an der T-Kreuzung links ab und folgen der Beschilderung Fischbachau/Bayrischzell bis nach Aurach. In Aurach halten Sie sich links und fahren auf die B 307 Richtung Bayrischzell. Etwa einen Kilometer vor Bayrischzell sehen Sie in Höhe Osterhofen auf der linken Seite den Parkplatz der Wendelstein-Gondelbahn. Hier können Sie parken.

Gipfelweg

Wegzeit:
2 1/2 Stunden

Einkehrmöglichkeit:
Neuhütte *(geöffnet von Anfang Juni bis Mitte Oktober)*

Vom Parkplatz aus folgen wir der Bundesstraße Richtung Bayrischzell für zirka 100 m, wenden uns dann nach rechts und wandern eine kleine geteerte Straße entlang, die für private Pkw gesperrt ist und zwischen einem alten und einem neuen Bauernhof hindurch führt. Nach einer kleinen Brücke geht's rechts, Richtung Geitau/Rotwand/Miesing/Taubenstein.

Wir passieren mehrere Gatter und achten darauf, alle Gatter immer zu schließen, damit das Vieh nicht auskommt! Etwa 400 m nach dem dritten Gatter gelangen wir an einen Waldparkplatz und folgen von dort aus der Beschilderung »B2 Seeberg über Klareralm«. Auf schattigem Forstweg sind es zirka 50 Minuten bis zur Klareralm. An der Klareralm vorbei gehen wir noch etwa 20 Minuten auf dem Weg »B2« bis zur Neuhütte weiter.

Bei der wunderbar gelegenen, fast 350 Jahre alten »Neuhütte« machen wir eine erste Brotzeit und ratschen mit dem Almbauern Hermann. Gut gestärkt setzen wir unsere Wanderung fort und biegen gleich nach der Hütte scharf nach links ab, auf einen schmalen Steig, der blau markiert ist und uns in einer weiteren knappen Gehstunde auf den herrlich gelegenen und meist recht einsamen Seebergkopf führt. Wir genießen die beeindruckende Aussicht auf den nahen Wendelstein und die Alpenkette im Sü-

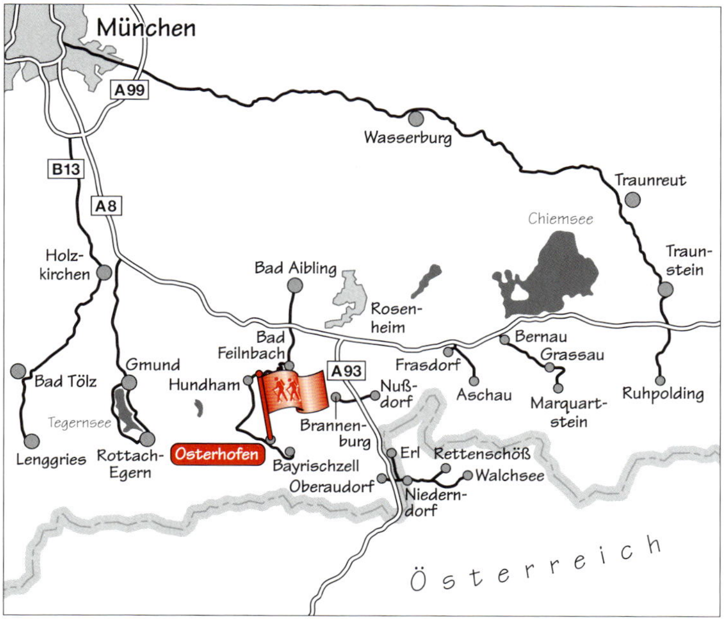

So kommen Sie hin

So kommen Sie hinauf

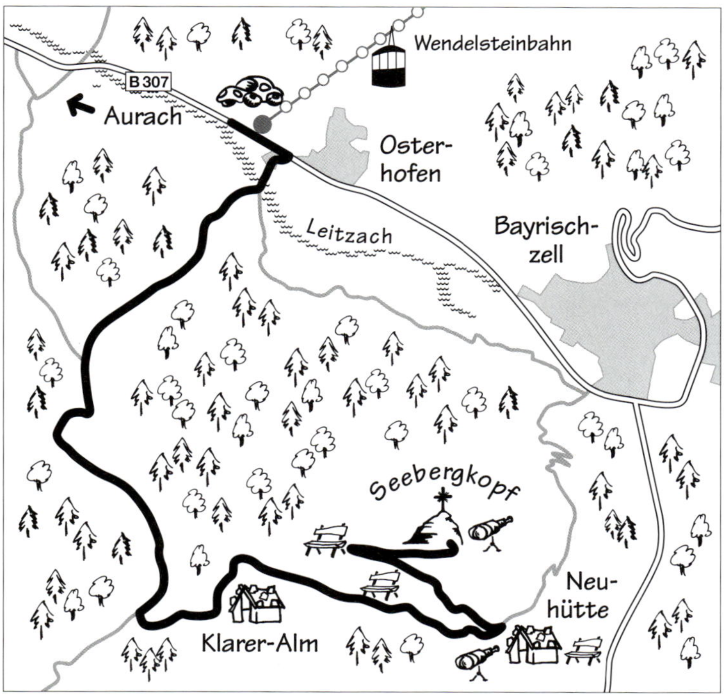

den und wundern uns, dass nur so wenige Menschen den Weg auf diesen herrlichen Gipfel finden.

Der Seeberg

1538 Meter

Bei Bayrischzell

Der Seeberg liegt südlich von Bayrischzell und ist ein eher unscheinbarer Berg. Als mir ein Freund den Tipp gab, doch mal zum *Gipfeltreffen* auf den Seeberg zu gehen, hatte ich noch nie von diesem Berg gehört. Ich war daher ziemlich verblüfft, als er mir sagte, dass sich der Seeberg mitten in meinen »Jagdgründen« befindet und ein direkter Nachbar des allseits bekannten Wendelsteins ist.

Als ich den Seeberg dann das erste Mal bestieg, war ich sprachlos: Da gibt es direkt über Bayrischzell einen wunderbaren Aussichtsgipfel, den offenbar nur wenige Insider kennen und der mit dem abwechslungsreichen Aufstieg über die Südwestseite und den vielen optischen Schmankerln ein ideales Ziel für ein *Gipfeltreffen* ist.

Der Seeberg heißt übrigens so, weil auf seinem Gipfelgelände tatsächlich einmal ein See war, der aber im Jahre 1899 aufgrund eines Risses im Berg plötzlich auslief. Die Wassermassen stürzten zu Tal und versetzten die Bewohner von Bayrischzell in Panik, denn sie konnten sich das überraschende Hochwasser einfach nicht erklären.

Die Tour vom Parkplatz an der Wendelsteingondelbahn aus ist südwestseitig und wunderschön. Es gab nur ein Problem: Der Aufstieg zieht sich in die Länge, weil man den Berg erst umrunden muss, um ihn dann von der Rückseite her zu besteigen. Alles in allem ist es ein »Hatscher« von 2½ Stunden bis zum Gipfel.

Da würde ich einen fitten und bergerfahrenen *Gipfeltreffen*-Gast brauchen, sportlich durchtrainiert und konditionsstark. Es war nicht leicht, aber schließlich fand ich jemanden, der auf den ersten Blick dieses Anforderungsprofil erfüllte: Andreas Giebel, Träger des deutschen Kabarettpreises 2005.

Andreas Giebel

Andreas Giebel

Andreas Giebel ist ein begnadeter Kabarettist, Stadtphilosoph und radikaler Antisportler, der seit gut 20 Jahren keinen Berg mehr bestiegen hat. Dennoch war er sofort von der Idee, mit mir gemeinsam für ein *Gipfeltreffen* auf den Seeberg zu gehen, begeistert.

Als er dann am frühen Morgen bei bereits hochsommerlichen 28 Grad am vereinbarten Treffpunkt ankommt, wirkt er wie eine Mischung aus Luis Trenker und Gerhard Polt: Filzhut auf dem Kopf, rot kariertes Hemd, dicke krachlederne Bundhose und derbe Lederbergschuhe. Das Outfit passt perfekt zu unserem Vorhaben – Hut und Lederhose sollten sich angesichts der Hitze und des langen und südseitigen Anstiegs jedoch noch als »overdressed« erweisen …

»Ich kann gut allein unter Leuten sein. Das ist man gewohnt von der Tournee. Aber ganz allein auf einer Hütte leben, nein, nichts für mich.«

Am Anfang wandern wir über schattige Forststraßen und Waldwege und Andreas ist noch putzmunter. Offen und wortreich erzählt er von seiner Kindheit in einem Hinterhof im Münchner Westend, als er zu klein war, um »Wer hat Angst vor'm schwarzen

Mann« zu spielen, und von seiner frühen Neigung, den Eltern abends irgendwelche Fantasierollen vorzuspielen, um das Zu-Bett-Gehen eine Viertelstunde hinauszuzögern.

»Mit dem Giebel zum Gipfel: das ist ja ein Giebeltreffen!«

Doch es dauert nicht lange, da schnauft Andreas Giebel bereits gewaltig und Schweißperlen stehen ihm auf der Stirn. Trotzdem nimmt er den dicken Filzhut nicht ab. Und als wir die auf 1232 Meter gelegene Neuhütte aus dem Jahr 1678 erreichen, eine der ältesten erhaltenen und noch bewirtschafteten Almen mit einer offenen Rauchküche, hat Andreas Giebel nicht nur eine Menge wunderbarer Geschichten erzählt, er wirkt auch bereits etwas erschöpft.

Deshalb machen wir eine längere Pause auf der Hütte, und Andreas genehmigt sich im Schatten eines Sonnenschirms ein Weißbier. Als wir unseren Weg hinauf zum Seeberggipfel fortsetzen, erzählt Giebel von seiner frühen ersten Ehe und Vaterschaft

»Was heißt schon, dem geht's gut. Wenn mich einer fragt, wie's mir geht … keine Ahnung!«

mit 19 Jahren, seiner Zeit als Hausmeister einer Schule und seinen vier Töchtern aus drei Ehen. Die Lebhaftigkeit und der Humor in seinen Erzählungen sind ungebrochen, aber er gerät mehr und mehr außer Atem und bekommt bei mittlerweile knapp 35 Grad ernsthafte Probleme mit der Hitze und seinem Kreislauf.

Langsam mache ich mir ein wenig Sorgen, ob dies das erste *Gipfeltreffen* sein könnte, bei dem ich mich in der Wahl des Ziels und mit meinem Vertrauen in die Leistungsfähigkeit des Gastes verschätzt habe. Auf meine Frage, was er sich jetzt wünsche, antwortet er fast sehnsüchtig: »Einen Gipfel für den Giebel!«

Immer öfter schalten wir die Kameras einfach aus, und Andreas kämpft sich nach oben. Nach mehreren kleinen Pausen erreichen wir endlich mit einem völlig erschöpften, aber stolzen Andreas Giebel den Gipfel des Seebergs, lassen uns auf einem Felsen am

Gipfelkreuz nieder und packen die schwer verdiente Brotzeit aus.

Andreas Giebel genehmigt sich »die erste Gipfelzigarette seit 20 Jahren« und ich merke, wie mit jedem Schluck Bier und jedem Bissen vom Fleischpflanzerl Kraft und Gelassenheit in Andreas zurückkehren. Nach ein paar Minuten wirkt er wieder erholt und glücklich, und es entsteht ein sehr persönliches und lustiges Gipfelgespräch.

Der »Mit-Leuten-Zusammenhocker« Giebel erzählt von seiner Leidenschaft für die ganz einfachen Gaststätten »zwischen Resopaltisch und Neonlampen« und sagt, dass er mit Sicherheit Deutschlands bester »Kneipenfinder« ist, was er bei oft 200 Live-Gastspielen pro Jahr in Deutschland vielfach bewiesen habe.

Er bekennt sich zu seinem christlichen Glauben und schildert die geballte Ablehnung seiner vier Töchter gegen seine Sucht, das Rauchen. Auf meine Frage, ob es denn nicht Zeit wäre, damit aufzuhören, zieht er nachdenklich an der Zigarette und meint: »Ja, hast Recht, wär' langsam Zeit!«

»Ich wäre wahrscheinlich sportlich, aber ich treibe keinen Sport.«

»Ich bin eher wie ein Blatt im Wind. Wie eine Situation kommt, so nimmt man sie. Ich bin nicht so der, der sein Leben so gut berechnen kann.«

Als wir uns am Schluss noch einmal zuprosten, ist in der Ferne ein erstes Donnern zu hören. Ein Sommergewitter zieht auf, aber noch ist es schwül und heiß. Beim Abstieg kehren wir erneut mit dem ganzen Team auf eine Brotzeit in der Neuhütte ein und schaffen es dann zum Glück gerade noch bis zum Auto, bevor der große Regen einsetzt. Auf der Heimfahrt denke ich noch lange an dieses *Gipfeltreffen* mit Andreas Giebel, einem so offenen und herzlichen Menschen. Zwar ist seine Kondition leicht verbesserungswürdig, er selbst aber hat mich mit seinem unschlagbaren Witz und seiner wunderbaren Erzählkunst sehr beeindruckt.

»Ein gutes Erziehungsmittel ist ja auch immer, als abschreckendes Beispiel zu wirken. Dass die Kinder sagen: So möchten wir nicht werden.«

»Es gibt nichts Schöneres als etwas Schönes«

Mit Markus Wasmeier auf dem Wallberg

Anfahrt

A 8
Ausfahrt Holzkirchen
Richtung Kreuth
Gmund
Tegernsee
Rottach-Egern
Wallbergbahn

Von München aus fahren Sie auf der Autobahn A 8 Richtung Salzburg bis zur Ausfahrt Holzkirchen. Bei Holzkirchen bleiben Sie auf der B 318, die über Gmund und Tegernsee nach Rottach-Egern führt. Dort halten Sie sich südlich Richtung Kreuth und biegen kurz nach der Ortsausfahrt von Rottach-Egern nach links auf den als »Wallbergstraße« ausgezeichneten Weg ab. Sie folgen der Beschilderung noch ein kurzes Stück bis zum Parkplatz der Wallbergbahn, wo Sie Ihr Auto abstellen können.

Gipfelweg

Wegzeit:
Ohne Seilbahnbenutzung
2 1/2 Stunden
Mit Seilbahnbenutzung
45 Minuten

*Die **Wallbergbahn** ist ganzjährig in Betrieb. Fahrpreise: Erwachsene € 14, Kinder € 7 (Berg- und Talfahrt), Ermäßigungen für Familien, Gruppen, Kurgäste und Behinderte*

Einkehrmöglichkeit:
Panoramarestaurant
(ganzjährig und täglich geöffnet, Ende November bis Mitte Dezember Betriebsurlaub)

Unmittelbar rechts neben der Talstation der Wallbergbahn beginnt ein schattiger Steig, der uns durch den Bergwald führt. Nach einer guten Stunde treten wir aus dem Wald heraus und schauen direkt auf das tolle Bergpanorama mit dem Wallberg und dem schräg rechts unter uns liegenden Wallberghaus. Hier könnte man eine gemütliche erste Brotzeitpause einlegen. Wir aber wenden uns nach links und folgen dem breiten Weg, der im Winter Teil der Schlittenabfahrt ist, etwa 30 Minuten lang Richtung Nordosten hinauf bis zur Bergstation der Wallbergbahn.

Auf dem ganzen Weg haben wir einen fantastischen Blick und erreichen wenige hundert Meter vor der Bergstation der Seilbahn eine herrliche Aussichtskapelle, die wie geschaffen ist für eine Pause. Wer gern länger in der Sonne dösen möchte, kann sich im Panoramarestaurant einen Sonnenstuhl mieten und das bunte Treiben der Touristenströme beobachten.

Wir gehen links an dem großen Gebäude vorbei, unter den Gondelseilen hindurch und weiter Richtung Nordosten. Der Gipfelsteig führt uns in einer weiteren Dreiviertelstunde hinauf zum Wallberggipfel. Kurz unterhalb des Gipfels ist der Weg sehr schmal und erfordert Trittsicherheit. Dafür hat man das Gefühl, sich in hochalpinem Gelände zu bewegen, und der Ausblick auf den in der Sonne glitzernden Tegernsee ist unbeschreiblich schön.

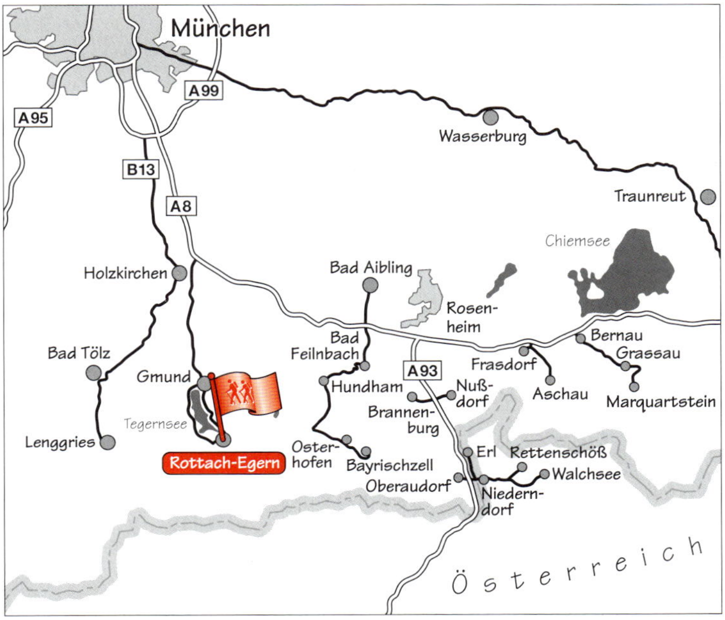

So kommen Sie hin

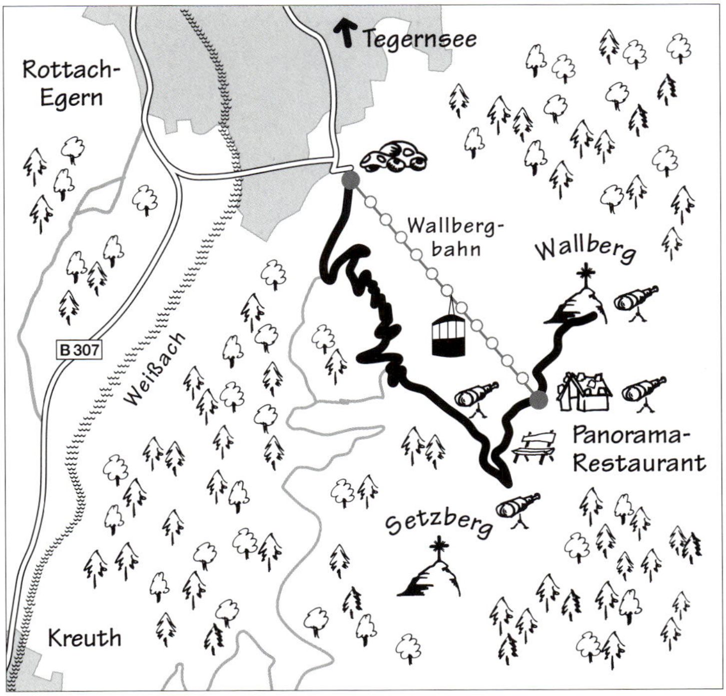

So kommen Sie hinauf

Parkplatz

Aussichtspunkt

Brotzeit-Alm

Brotzeit-Bankerl

Gipfel

Gipfeltreffen-Weg

alternative Wege

Der Wallberg

1722 Meter

Bei Rottach-Egern am Tegernsee

Der Wallberg ist der Wächter über den Tegernsee und einer der bekanntesten Hausberge der Münchner. Die Wallbergbahn transportiert im Sommer wie im Winter Tausende von Bergtouristen in wenigen Minuten zur Bergstation mit angeschlossenem Panoramarestaurant. Von hier aus geht man im Sommer gerade mal eine knappe Dreiviertelstunde auf den exponierten Wallberggipfel, dessen vorgelagerte Wiesenabhänge vielen Gleitschirm- und Drachenfliegern als ideale Startplätze dienen. Im Winter werden zwar keine Pisten geräumt, es gibt aber wunderbare Tourenabfahrten und eine fast 7 Kilometer lange, bestens gepflegte Rodelbahn.

Und genau das brachte mich auf die Idee für eine ganz besondere *Gipfeltreffen*-Premiere: Ich wollte mit Markus Wasmeier das erste Winter-*Gipfeltreffen* inklusive abschließender Schlittenfahrt machen.

Als wir einen Tag vor dem Dreh den Wallberg besichtigten, ließen Kameramann Stephan Nöbauer und ich unsere Schlitten am Fuße des Gipfelaufstieges stehen und wühlten uns bei strahlend blauem Himmel und minus 20 Grad Celsius durch den hüfthohen Pulverschnee zum Gipfel hinauf.

Dort angekommen, rief ich Markus Wasmeier auf dem Handy an und schwärmte von den wunderbaren, fast »kanadischen« Verhältnissen. Der saß gerade im Auto und drohte mir vor lauter Neid lachend Watschen an. Euphorisch verließen wir den Gipfel und freuten uns auf die Schlittenabfahrt und die *Gipfeltreffen*-Winterpremiere. Doch es sollte alles ganz anders kommen …

Markus Wasmeier

»Mit Traurigsein kommst du nicht weit. Mit einem Lächeln kommst du weiter. Hilft ja nix, wenn man den Kopf in den Sand steckt.«

Auf der Schlittenabfahrt ins Tal verkantete meine Rodel sich im weichen Neuschnee und brach nach rechts aus. Instinktiv stemmte ich mein linkes Bein in den Schnee, um die Richtung zu korrigieren, was bei dem hohen Tempo allerdings keine so gute Idee war. Ich überschlug mich mit dem Schlitten und spürte schon im Fallen einen stechenden Schmerz in meinem bereits mehrmals operierten linken Knie. Ich konnte zwar den Schlitten noch selbst ins Tal steuern, aber schon auf der Heimfahrt und kurze Zeit später beim Arzt hatte ich starke Schmerzen. Bei der sofort durchgeführten Kernspintomografie stellte sich heraus, dass das Kreuzband angerissen war und das Gelenk durch den Schlag ein schweres Trauma erlitten hatte. Mittlerweile war das Knie dick angeschwollen und an ein *Gipfeltreffen* am nächsten Morgen überhaupt nicht mehr zu denken. Noch vom Arzt aus rief ich frustriert Markus Wasmeier an, der mir riet, das traumatisierte Knie auf keinen Fall zu belasten und mir gleichzeitig Mut machte, indem er mir anbot, sich jederzeit nach meiner Genesung an einem anderen Tag für das *Gipfeltreffen* Zeit zu nehmen.

Den nächsten Tag verbrachte ich mit schmerzendem Knie auf der Couch, und während die strahlende Wintersonne durch mein Fenster schien, hätte ich vor lauter Wut platzen können.

»Es ist ganz gut, dass Kinder gar nicht wissen, was wirklich noch auf einen zukommen kann.«

Gut zwei Monate später bin ich endlich genesen und fast schmerzfrei und treffe mich mit Markus Wasmeier auf dem Parkplatz der Wallbergbahn. Mittlerweile ist es Anfang April geworden und die letzten Schneefelder schmelzen in der Sonne. Es ist ein wunderschöner, milder Frühlingstag, und aus dem verunglückten Wintergespräch im Tiefschnee sollte ein gelungenes Frühlings-*Gipfeltreffen* werden.

Schon nach wenigen Metern wird mir klar, dass dies das erste *Gipfeltreffen* ist, bei dem ich mehr ins Schwitzen geraten werde als mein Gast. Der »Wasi« schlendert entspannt neben mir her Richtung Wallberggipfel und erzählt, ohne auch nur einmal ins Schnaufen zu kommen, von seiner Kindheit, der jäh abgebroche-

»Meine Mutter war früher mein Sparringspartner beim Klettern. Mit der bin ich als Bub bis zum 6. Schwierigkeitsgrad geklettert.«

nen Schulzeit und seinem ersten Skirennen als kleiner Bub, das er gewonnen hat, weil der einzige Teilnehmer außer ihm gestürzt ist. Trotz des steilen Wegs fällt ihm das Erzählen leicht, nie braucht er eine Pause, die Wanderung scheint für ihn nicht anstrengender zu sein als ein Spaziergang zum Zeitungholen.

Und beim letzten Anstieg auf den Wallberggipfel, oberhalb der mondänen Bergstation der Wallbergbahn, bin es diesmal ich, der, verschwitzt und außer Atem, die Schritte bis zum Gipfelkreuz zählt. Für Markus ist es das erste Mal, dass er »unbewaffnet«, das heißt ganz ohne Ski, als Spaziergänger den Wallberggipfel besteigt. Und obwohl er in den Bergen daheim ist und sicher Hunderte Male auf spektakuläreren Touren unterwegs war, begeistert ihn die Aussicht und es scheint, als könne er sich nicht an dem Bergpanorama sattsehen. Kurz unter dem Kreuz schaut er auf den weit unter uns glitzernden Tegernsee und sagt: »Es gibt nichts Schöneres als etwas Schönes.«

Die Bergbahn ist wegen Revision nicht in Betrieb. Und so kommt es, dass wir bei herrlichem Frühlingswetter ganz allein auf dem Wallberg sitzen, der sonst doch oft recht bevölkert ist, und in aller Ruhe Brotzeit machen köönen. Nur eine lärmende Bande von Bergdohlen leistet uns Gesellschaft und frisst nicht nur die Fleischpflanzerlstückchen, die wir ihr zuwerfen, sondern klaut uns regelrecht die Wurst und den Käse vom Brot.

»Es ist ein großes Glück, eine Frau zu finden und eine Familie zu gründen, in der alles funktioniert und alle gesund sind«, sagt er. »Mehr kann man eigentlich nicht haben. Alles andere sind hausgemachte Probleme.« Wie die Liebe zu seiner Familie prägt ihn die zu seiner Heimat in den bayerischen Bergen. Mit seinem Heimatmuseumsprojekt möchte er deshalb die bäuerliche Tradition auch für die kommenden Generationen erlebbar machen. Da sitzt mir ein fröhlicher, aber auch nachdenklicher Mensch gegenüber, der glücklich in einer ganz eigenen, intakten Welt zu leben scheint.

»Das Schlimmste, wenn du nicht mehr aktiv Ski fährst, ist, dass du dir die Liftkarte selber kaufen musst und dass sie für dich die Piste nicht mehr absperren.«

Ich staune über die Bescheidenheit und Bodenständigkeit dieses Weltmeisters und Medienstars. Vielleicht hat der Wasi ja gerade deshalb sein Glück gefunden, weil er es nicht im Ruhm oder in

»Oft, wenn du dir im größten Stress fünf Minuten für dich selber nimmst, gehen sie dir gar nicht ab. Und dadurch hast du den Tag verlängert.«

der Welt der Jetset-Promis, sondern in seiner Heimat bei Familie und Freunden gesucht hat.

Auf dem Weg ins Tal spüre ich dann, dass mein Knie unter der Belastung dieser ersten Bergtour seit dem Schlittenunfall zu schmerzen beginnt. Daheim nehme ich die schützende Gehschiene ab, lege einen Eisbeutel auf das geschwollene Gelenk, lehne mich zurück und denke trotz der Schmerzen zufrieden an dieses *Gipfeltreffen* mit einem ganz »besonderen normalen« Menschen.

Markus Wasmeier

»Schau, wir sitzen hier in der Sonne, ein schöner Blick: Das sind geschenkte Tage, die darfst du nie hergeben, die musst du immer behalten.«

»Luxus ist für mich so ein Tag wie heute«

Mit Michaela May auf dem Heuberg

Anfahrt

A 8, Inntaldreieck
A 93, Richtung Kufstein
Ausfahrt Brannenburg
Nußdorf
Eßbaum
Duftbräu

Von München aus fahren Sie auf der Autobahn A 8 Richtung Salzburg, ab dem Inntaldreieck weiter auf der A 93 Richtung Kufstein/Innsbruck bis zur Ausfahrt Brannenburg. Hier biegen Sie an der Bundesstraße rechts ab Richtung Rosenheim/Nußdorf und halten sich in Nußdorf an der Hauptstraßen-Kreuzung links Richtung Rosenheim/Neubeuern/Törwang. Kurz nach der Ortsausfahrt von Nußdorf geht's rechts weiter, Richtung Törwang/Grainbach/Duftbräu. Nach etwa 4 km kommen Sie zu der Ortschaft Eßbaum, dort biegen Sie nach der Shell-Tankstelle rechts ab Richtung Holzmann/Duftbräu. Auch an der nächsten Kreuzung fahren Sie rechts Richtung Duftbräu und folgen der Bergstraße etwa 3 km bis zum Duft. Hier ist ein Parkplatz, der mit einer Schranke versehen ist, die gebührenfrei öffnet, wenn man im Duftbräu einkehrt.

Ein besonderer Tipp für Familien ist die Gaudi-Alm, ein großer Abenteuerspielplatz für Kinder, der zum Duftbräu gehört.

Gipfelweg

Wegzeit:
1 3/4 Stunden

Einkehrmöglichkeiten:
Duftbräu *(ganzjährig geöffnet)*
Daffneralm *(ganzjährig geöffnet, im Winter nur von Donnerstag bis Sonntag)*

Vom Parkplatz aus gehen wir auf der Straße am Duft vorbei bis zu einem kleinen Brückerl, vor dem wir uns nach rechts wenden und immer am Fluderbach entlang Richtung Heuberg wandern. Wir bleiben auf der rechten Seite des Bachs und erreichen über wunderschöne Wiesen- und Waldsteige nach einer knappen Stunde die legendäre Krokuswiese unterhalb der Daffneralmen.

An den Daffneralmen vorbei gehen wir westwärts über einen recht steilen Weg in einer weiteren Dreiviertelstunde hinauf auf den Heuberggipfel. Auf den letzten Metern zum Gipfelkreuz haben wir die steile Wasserwand im Rücken und das weite Inntal zur Rechten. Auf dem sanften Grasgipfel angelangt, bietet sich uns ein wunderbarer Blick auf die Hauptalpenkette.

Etwas oberhalb der Daffneralmen liegt übrigens ein großer Findling, der legendäre Brotzeitfelsen. Er ist besonders bei Kindern

So kommen Sie hin

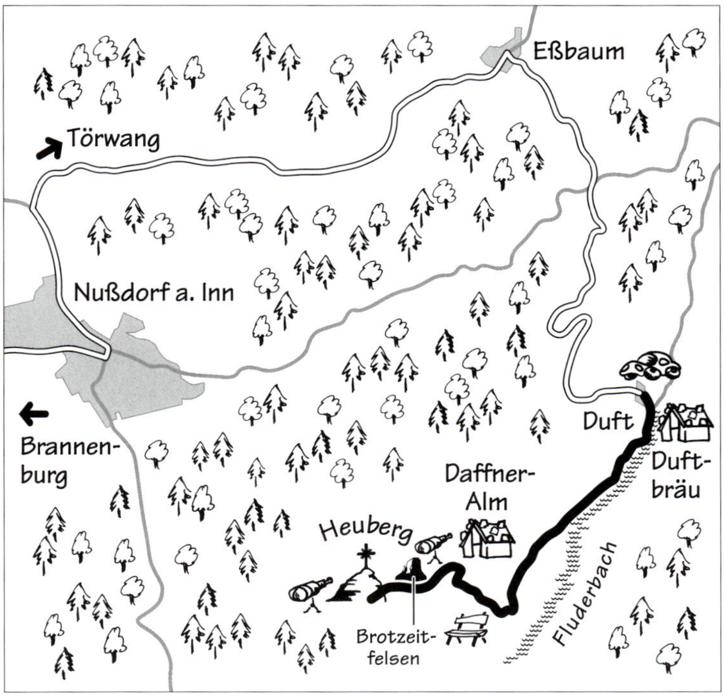

So kommen Sie hinauf

- Parkplatz
- Aussichtspunkt
- Brotzeit-Alm
- Brotzeit-Bankerl
- Gipfel
- Gipfeltreffen-Weg
- alternative Wege

beliebt, weil er sich gut zum Klettern und Spielen eignet. Aber auch Erwachsene lassen sich gern auf seiner glatten Oberfläche die Brotzeit schmecken und genießen dabei den tollen Ausblick.

Der Heuberg

1338 Meter

Über dem Inntal, bei Nußdorf

Der Heuberg ist für mich einer der formschönsten Berge des Voralpenlandes. Vom Inntal aus wirkt er mit seinen Wiesenhängen und Felsnasen lieblich und schroff zugleich, sie zeichnen das Bild eines perfekten Bergprofils. Wenn der Schnee irgendwann zwischen April und Mai schmilzt, bieten die legendären Krokuswiesen unterhalb der Daffneralmen den Bergwanderern für etwa eine Woche ein Naturschauspiel der ganz besonderen Art: Wer sie betrachtet, glaubt, auf ein wogendes Meer aus lila und weißen Farben zu blicken.

Im Sommer gehe ich gelegentlich am späten Nachmittag mit einem guten Buch auf den Heuberggipfel. Dann lege ich mich ein paar Meter unterhalb des Gipfelkreuzes auf die westlich steil abfallende Wiese, genieße den wunderbaren Ausblick auf das Inntal und vertiefe mich in der Wärme der abendlichen Sonne in meine Lektüre oder döse vor mich hin. Einmal bin ich dabei so tief eingeschlafen, dass mich erst die feuchte Kälte der einbrechenden Nacht geweckt hat.

Michaela May

Als ich über einen Gast für das Fronleichnam-*Gipfeltreffen* im Mai nachdachte, war es natürlich nicht nur ihr passender Name, der mich auf Michaela May als Idealbesetzung brachte. Ich kenne die beliebte Schauspielerin aus früheren Talkshows und halte sie nicht erst seit der Kultserie *Irgendwie und sowieso* für eine der spannendsten Persönlichkeiten in der deutschen Fernsehlandschaft.

Wir verabreden uns am Duft, und als Michaela May aus ihrem Auto steigt, ist sie von Kopf bis Fuß vorbildlich ausgerüstet: Brauner Filzhut, rotes Halstuch, Funktionsjacke, Rucksack, Kniebundhose, Wollstrümpfe und Bergschuhe. So perfekt gekleidet war bis dahin noch keiner meiner Gäste zum *Gipfeltreffen* erschienen!

»Das ist schon ein schöner Beruf: Du kannst Menschen mal für eine Stunde ihre Sorgen nehmen.«

Der Wetterbericht ist denkbar schlecht. Spätestens ab Mittag ist ein Wettereinbruch mit Temperatursturz und schweren Regenfällen vorausgesagt. Aber wir sind wild entschlossen, es dennoch zu probieren. Unsere Zuversicht steigt, als es im ersten Wegab-

schnitt bis zu den Daffneralmen mehr und mehr aufhellt und schließlich sogar die Sonne rausspitzt.

»Es gibt nichts Schöneres, als wenn man ein inneres Glück in sich hat.«

Unterwegs erzählt Michaela May viel über ihre Kindheit und die abenteuerlichen Bergtouren mit ihrem Vater, ihre Zeit als Teenie-Groupie einer Schülerband, wo sie unsterblich in den Sänger verliebt war, aber letztlich doch »nur« den Schlagzeuger abbekam, und schließlich auch über ihr Leben als Kinderstar, der in der Schule gehänselt wurde und mit kaum zehn Jahren von der Gage für den ersten Film der bis dahin medienfreien Familie einen Fernseher kaufte.

Was mich besonders beeindruckt, ist ihre lebendige Naturverbundenheit. Alle paar Meter verlässt sie den Wanderweg, um begeistert eine der vielen Wiesenblumen, die sie alle beim Namen kennt, zu pflücken, oder sie läuft mitten im Gespräch an einen Gebirgsbach, um aus den hohlen Händen einen Schluck Wasser

»Das Älterwerden ist auch schön, weil die ›Jas‹ und die ›Neins‹ klarer werden. Man kommt immer konzentrierter zu dem Punkt, wo man eigentlich hin will.«

zu trinken. Auf der Krokuswiese unterhalb der Almen setzen wir uns auf einen Stein und ziehen auf ihre Anweisung hin die Schuhe und Strümpfe aus. Sie zeigt mir, wie man sich mit Hirschtalg die Füße einreibt, um keine Blasen zu bekommen – ein Geheimrezept, das sie von ihrem Vater, einem ehemaligen Gebirgsjäger, abgeschaut hat.

Als wir auf den steilen Serpentinen zum Gipfel hinaufwandern und über das Scheitern ihrer ersten Ehe und ihre neue Liebe zu dem Regisseur Bernd Schadewald sprechen, merkt man ihr deutlich an, dass sowohl die Wunden als auch die Liebesgefühle noch sehr frisch sind.

Plötzlich schlägt das Wetter doch um. Tiefe Regenwolken sind vor die Sonne gezogen, der Wind frischt auf und die Temperatur sinkt rapide. Die Prognosen scheinen sich leider doch zu bewahrheiten. Wir packen die Kameras in die Rucksäcke und beeilen uns, um wenigstens den Gipfel noch im Trockenen zu erreichen. Michaela May hält das verschärfte Gehtempo spielend mit.

Als wir auf dem Heuberggipfel ankommen, ist von der Lieblichkeit der Umgebung und der wunderbaren Fernsicht nicht mehr viel übrig: Der Wind hat sich zum eiskalten Sturm aufgebläht und treibt eine Regenfront von Westen her direkt auf uns zu. Am Gipfel »pfeift« es ordentlich. Die Schlechtwetterfront ist wie mit einem Lineal gezogen zu erkennen. Michaela bietet mir das »Du« an und nach einer kurzen Umarmung flüchten wir zu den nahen Felshängen der benachbarten Wasserwand. Schon fallen die ersten Tropfen. Im Schutz der mächtigen Felswand kauern wir uns auf einen Felsen.

Blitzschnell ist das Kamerateam für den Dreh des Gipfelgesprächs bereit, und wir finden noch die Muße für eine schnelle Brotzeit und ein kurzes, aber intensives Gespräch vor dem großen Regen. Als Michaela May dann am Ende des Gesprächs einen »Gipfelbrief« ihrer neuen großen Liebe in aller Stille liest, kullern ihr vor Rührung über diesen Tag und die Zeilen von Bernd Schadewald ein paar dicke Tränen über die Backen.

»Das Leben ist wie ein Suppentopf. Da schwimmt alles drin. Fleisch, Extrakt, oben auch ein bisschen Fett. Und Gott ist der Koch.«

»So eine Natur holt immer Emotionen aus einem raus. So ist das eben.«

Doch jetzt gibt es kein Halten mehr, der Regen prasselt los. Hastig verpacken wir die Kameras in Plastiksäcke und machen uns an den Abstieg. Der Regen verwandelt den Steig in eine Rutschbahn und immer wieder landet einer von uns unsanft auf dem Hosenboden. Vor allem unser Tonassistent, der nur mit Turnschuhen unterwegs ist, wird seine »Abfahrt« über die Heuberg-Hänge wohl nie vergessen. Patschnass erreichen wir die Daffneralmen, wo wir uns bei Bekannten aus meinem Heimatort in der Stube nicht nur aufwärmen, sondern auch herzlich bewirten lassen.

»Luxus hat nichts mit sächlichen Dingen zu tun. Luxus ist für mich so ein Tag wie heute.«

»Man muss auf dem Weg bleiben«

Mit Pater Anselm Grün auf dem Schweinsberg

Anfahrt

A 8
Ausfahrt Bad Aibling
Richtung Bad Feilnbach
Richtung Bayrischzell
Hundham
Fischbachau
Birkenstein

Von München aus fahren Sie auf der Autobahn A 8 Richtung Salzburg bis zur Ausfahrt Bad Aibling. Hier verlassen Sie die Autobahn und halten sich an der Kreuzung rechts Richtung Bad Feilnbach. Noch vor Bad Feilnbach geht's erneut rechts, Richtung Hundham/Fischbachau/Bayrischzell. Sie folgen der Straße bis zur Ortschaft Hundham, wo Sie links Richtung Fischbachau/Bayrischzell abbiegen. In Fischbachau fahren Sie an der Ampel ebenfalls links, Richtung Birkenstein. Dort angekommen sehen Sie auf der rechten Seite einen ausgeschilderten Wanderparkplatz. Hier können Sie Ihr Auto parken.

Gipfelweg

Wegzeit:
2 Stunden

Einkehrmöglichkeit:
Kesselalm *(ganzjährig geöffnet, im Winter nur Samstag und Sonntag; Montag Ruhetag)*

Vom Parkplatz aus gehen wir auf dem anfangs noch geteerten Weg rechts den Berg hinauf, aus dem Ort Birkenstein hinaus. Wir folgen den Schildern »Kesselalm« bzw. »Breitenstein« auf einem Forstweg, der uns in einer guten Stunde bis zur Kesselalm führt. Dieser Forstweg ist übrigens im Winter eine sehr beliebte Naturschlittenbahn.

Wir wandern rechts an der Kesselalm vorbei bis zu einer kleinen Abzweigung. Hier nehmen wir den Weg, der rechts hinauf zur Kothalm führt. Bei der Kothalm wandern wir dann links auf einem recht schmalen Steig weiter. Nach etwa einer Viertelstunde erreichen wir einen Wiesengrat, von dem aus wir einen herrlichen Blick auf den nahen Wendelstein haben.

Hier ist der Schweinsberg das erste Mal ausgeschildert. Wir folgen dem Schild nach links den Grat hinauf und erreichen nach etwa 10 Minuten den wunderschönen Gipfel des Schweinsbergs. Dieser »kuschelt« sich zwischen die wesentlich bekannteren Gipfel des Breitensteins im Nordwesten und des Wendelsteins im Südosten und ist meist menschenleer.

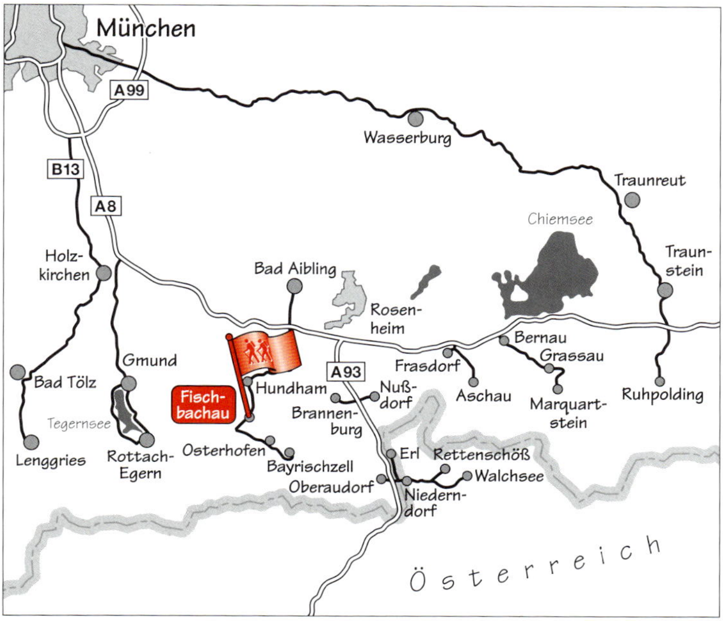

So kommen Sie hin

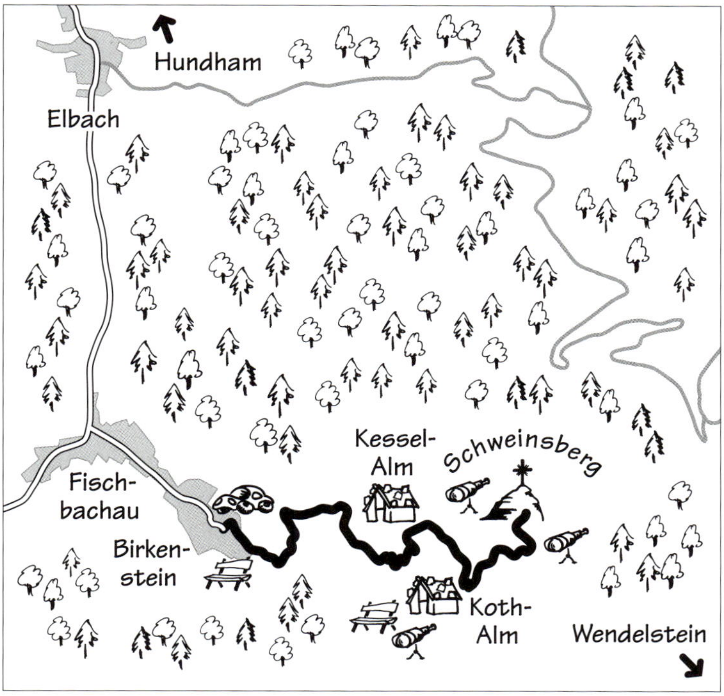

So kommen Sie hinauf

Parkplatz

Aussichtspunkt

Brotzeit-Alm

Brotzeit-Bankerl

Gipfel

Gipfeltreffen-Weg

alternative Wege

Der Schweinsberg

1511 Meter

Zwischen Wendelstein und Breitenstein

Der Schweinsberg ist ein recht unbekannter Gipfel zwischen Wendelstein und Breitenstein. Vielleicht verdankt er seine touristische Unversehrtheit eben dieser Lage im Schatten seiner populären Brüder. Man kann diesen herrlichen Aussichtsgipfel von zwei Seiten besteigen, entweder von Birkenstein oder vom Jenbachtal aus. Auf beiden Seiten ist der Weg abwechslungsreich und leicht zu gehen. Und auf keiner der beiden Seiten gibt es beim Parkplatz eine entsprechende Beschilderung für den Schweinsberg, was den Gipfel vor allzu großem Andrang schützt.

Für das *Gipfeltreffen* entschied ich mich für den bekannten Wallfahrtsort Birkenstein als Ausgangspunkt für den Anstieg, weil dieser Platz für meinen Gast Anselm Grün natürlich eine ganz besondere Bedeutung hat.

Drei Tage vor dem *Gipfeltreffen* besichtigte ich zusammen mit dem Kameramann Stephan Nöbauer bei strahlendem Wetter den Schweinsberg. Wir waren begeistert von der Route und der Aussicht vom Gipfel. Entspannt machten wir Brotzeit, beobachteten die beachtlichen Menschentrauben auf Breitenstein und Wendelstein und freuten uns auf den Tag der Produktion …

Pater Anselm Grün

Pater Anselm Grün

Seit einiger Zeit lese ich mit Interesse und Respekt die Bücher von Pater Anselm Grün. Nie zuvor habe ich Bücher eines Mönchs gelesen, der so offen und frei über Themen wie Engel, Liebe, Leidenschaft und Sehnsucht schreibt wie Pater Anselm. Ich wollte ihn unbedingt zu einem *Gipfeltreffen* einladen. Immerhin ist Anselm Grün seit Jahren der meistgelesene christliche Autor. Seine Bücher sind in Deutschland über fünf Millionen Mal verkauft und in mehr als 30 Sprachen übersetzt worden. Doch obwohl viele Menschen den Namen Anselm Grün schon mal gehört hatten, kannten bis vor kurzem nur die wenigsten sein Gesicht.

»Wir sollten wieder die Weite und Freiheit der Bibel nehmen und nicht die Schuldfixierung weiterführen, die sicher auch viele Menschen krank gemacht hat.«

Pater Anselm Grün, so dachte ich mir, wäre ein idealer Gast für ein Karfreitag-*Gipfeltreffen*. Nur machten mir die Menschen aus seinem Umfeld wenig Mut: Der Plan sei zwar gut, aber aussichtslos, denn Pater Anselm gehe nicht ins Fernsehen. Außerdem, so meinten sie, sei er auf Jahre hinweg ausgebucht!

Ich versuchte es trotzdem. Immerhin wusste ich, dass er ein Buch über das Wandern als Form der Meditation geschrieben

Pater Anselm Grün

hatte und in seiner Jugend oft mit Freunden in den Bergen unterwegs war. Als ich ihn an einem Oktobermorgen um 6 Uhr in seiner Zelle im Kloster Münsterschwarzach anrief, meldete er sich mit ruhiger Stimme: »Grün?«

»Viele haben Angst vor der Stille, weil sie dann mit ihrer eigenen Wahrheit konfrontiert werden. Wer nur oberflächlich lebt, muss die Stille mit Lärm zustopfen.«

Anfangs schien er wenig begeistert von meinem Ansinnen, ihn zu einer Fernsehsendung einzuladen und verwies auf seinen übervollen Terminkalender. Er erlaubte mir aber trotzdem, ihm die Idee vom *Gipfeltreffen* zu schildern. Es folgte ein kurzes Schweigen, bevor er sagte: »Das hört sich gut an. Ich kann Ihnen aber nur den 22. Oktober vorschlagen.« Ich war baff … Erst schien die Sache aussichtslos, und plötzlich hatte ich einen konkreten Termin!

Am vereinbarten Tag erscheint Pater Anselm pünktlich und gut gelaunt um 9 Uhr gut gelaunt am Parkplatz im Wallfahrtsort Birkenstein. Um halb 6 Uhr hat er noch die Morgenmesse im fast

»Ich predige zwar immer, man soll gelassen sein, aber oft bin ich es nicht. Der Schatten vom Ehrgeiz, der ist schon noch da.«

400 Kilometer entfernten Kloster Schwarzach gehalten. Leider herrscht, anders als bei der Besichtigung des Schweinsberges, dichter Nebel.

Ich sage ihm, wie leid es mir tut, dass das Wetter heute trotz seiner weiten Anfahrt so schlecht ist, doch er entgegnet gelassen, dass das gar nicht stimmt: Heute, erklärt er, ist das Wetter eben auf diese Art schön.

In den folgenden Stunden des Aufstiegs erlebe ich Anselm Grün als einen ruhigen und ausgeglichenen Mann, der mit großer Offenheit erzählt. Er berichtet von seiner Kindheit mit sieben Geschwistern, mit denen er viel Fußball gespielt hat, wobei er allerdings meistens im Tor stehen musste, und von seiner Studentenzeit, in der er sich zwar verliebt, aber schließlich dennoch für das Mönchsleben entschieden hat. Er verrät mir auch, dass Frauen ihn immer wieder inspirieren, und dass er sich durchaus vorstellen könne, sich heute noch zu verlieben. »Man muss dann ja nicht gleich einen gemeinsamen Weg gehen«, sagt er.

Von seiner Arbeit als Buchautor, mit der er Millionen verdient, erzählt er sehr bescheiden. Das Geld hat er nie für sich behalten, sondern immer in das Kloster oder in soziale Projekte gesteckt. Überhaupt scheint materieller Luxus für ihn völlig unbedeutend zu sein, und er erklärt mir, dass es ihm peinlich ist, wenn er auf Vortragsreisen vom Veranstalter in einem zu teuren Hotel untergebracht wird.

Und schließlich spricht Pater Anselm über die Themen, die ihm am meisten am Herzen liegen und von denen auch einige seiner Bücher handeln: Über Gott und über Engel. Diese, so erklärt er mir, sind keine personalisierten Wesen, aber dennoch existent, oft verborgen in helfenden Menschen oder den intuitiven Impulsen für richtige Entscheidungen. »In jedem von uns ist ein Raum der Stille«, sagt er nachdenklich, »wir sind nur oft abgeschnitten. In dem Raum wohnt Gott. Dieser innerste Kern ist heil und gut. Da hat auch die Schuld keinen Zutritt. Dort kann niemand mich verletzen.«

»Eine Sehnsucht, die nicht gelebt wird, wird zur Sucht.«

»Ich glaube, die Machos, aber auch die Softies haben ausgedient. Nur ein Mann, der auch richtig kämpfen kann, kann auch richtig lieben.«

Die Zeit bis zum Gipfel vergeht wie im Flug. Dass der dichte Nebel sich nie hebt und unser *Gipfeltreffen* in ein diffuses weißes Licht taucht, passt irgendwie zum Karfreitag und dem intensiven Gespräch. Und obwohl wir keinen einzigen Blick auf das wunderbare Bergpanorama um uns herum werfen können, wird es am Ende doch ein gelungenes, strahlendes *Gipfeltreffen* mit einem Menschen, der mich mit seiner Weisheit, Toleranz und Wärme, seiner gelassenen Fröhlichkeit und seinen mutigen und ermutigenden Auslegungen der christlichen Glaubensregeln zutiefst beeindruckt. ■

Pater Anselm Grün

»Meine Beziehung zu Gott existiert nicht nur vom Kopf her. Der ganze Leib, die Sehnsucht des Leibes, fließt da mit ein.«

»Ich hab mich nie gern einsperren lassen«

Mit Heiner Geißler auf dem Setzberg

Anfahrt

A 8
Ausfahrt Holzkirchen
Richtung Kreuth
Gmund
Tegernsee
Rottach-Egern
Wallbergbahn

Von München aus fahren Sie auf der Autobahn A 8 Richtung Salzburg bis zur Ausfahrt Holzkirchen. Bei Holzkirchen bleiben Sie auf der B 318, die über Gmund und Tegernsee nach Rottach-Egern führt. Dort halten Sie sich südlich Richtung Kreuth und biegen kurz nach der Ortsausfahrt von Rottach-Egern nach links auf den als »Wallbergstraße« ausgezeichneten Weg ab. Sie folgen der Beschilderung noch ein kurzes Stück bis zum Parkplatz der Wallbergbahn, wo Sie Ihr Auto abstellen können.

Gipfelweg

Wegzeit:
1 Stunde

*Die **Wallbergbahn** ist ganzjährig in Betrieb. Fahrpreise: Erwachsene €14, Kinder €7 (Berg- und Talfahrt), Ermäßigungen für Familien, Gruppen, Kurgäste und Behinderte*

Einkehrmöglichkeit:
altes Wallberghaus
(ganzjährig geöffnet)

Mit der Wallbergbahn schweben wir in einer gemütlichen Viertelstunde zur Bergstation. Von hier aus gehen wir Richtung Südwesten auf dem breiten Weg, der im Winter Teil der berühmten Schlittenabfahrt ist, etwa 20 Minuten lang hinunter bis zum »alten Wallberghaus«.

Dann folgen wir der Beschilderung »Risserkogel« etwa 25 Minuten in südlicher Richtung, bis wir an einem bewaldeten Grat rechts auf den Steig zum Gipfel des Setzbergs abbiegen. Nach einer weiteren Viertelstunde erwartet uns der sanfte Grasgipfel des Setzbergs mit einer wunderbaren Aussicht auf den Wallberg, die Bergstation der Gondel und in alle Himmelsrichtungen.

Als Abstiegsvariante wählen wir den Serpentinensteig Richtung Nordosten, der uns in einer halben Stunde wieder zurück zur Gondelstation bringt. Auf halbem Weg kehren wir im alten Wallberghaus ein, setzen uns in die Nachmittagssonne und genießen den Ausblick. Frisch gestärkt sind die wenigen Höhenmeter wieder hinauf zur Bergstation der Wallbergbahn schnell geschafft, und die gemütliche Talfahrt bietet uns noch einmal einen bezaubernden Blick auf den Tegernsee.

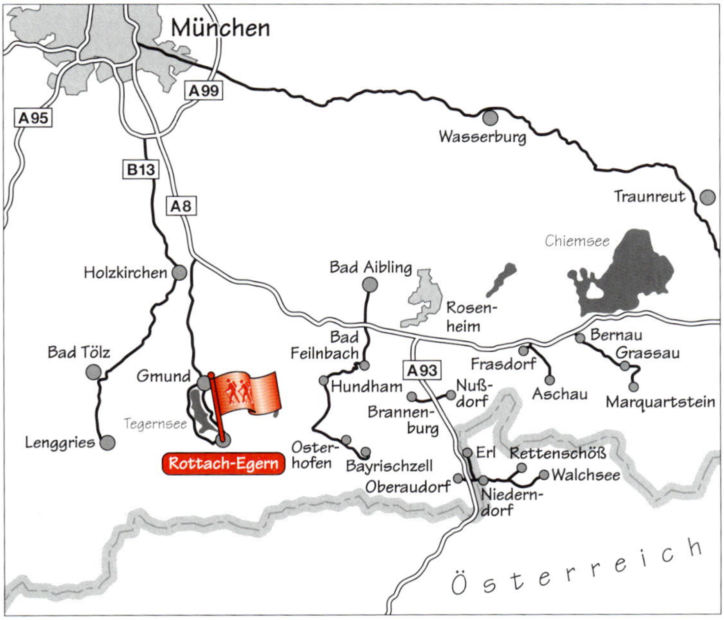

So kommen Sie hin

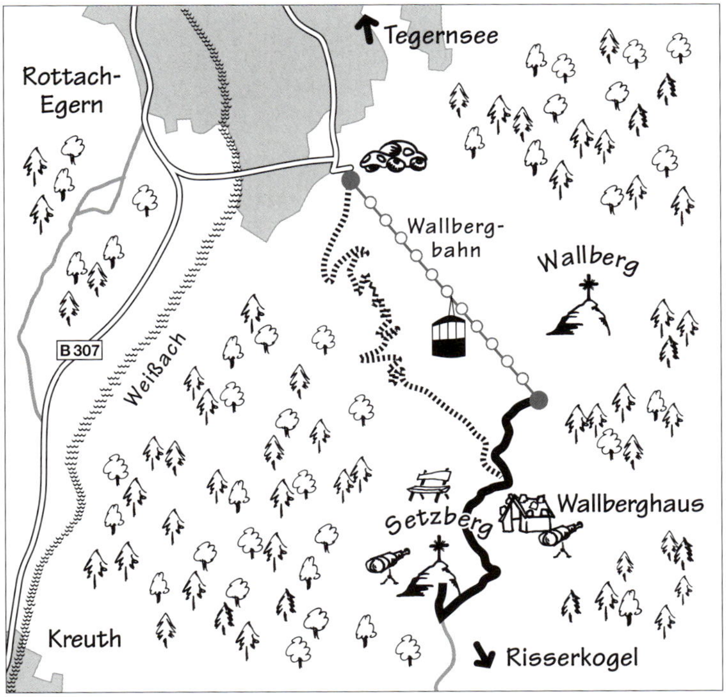

So kommen Sie hinauf

Der Setzberg

1712 Meter

Bei Rottach-Egern am Tegernsee

Aufgefallen war mir der Setzberg das erste Mal bei meinem *Gipfeltreffen* mit Markus Wasmeier auf dem Wallberg. Von dessen Gipfel aus hat man einen schönen Blick nach Süden auf den Setzberg, und der Wasi erzählte mir, dass er schon als Bub mit dem skiclubeigenen Schlepplift am Setzberg trainiert und Rennen gefahren ist.

Bei der Besichtigung mit Stephan Nöbauer kämpften wir uns bei Sturm und Eisregen auf den Gipfel und flüchteten mit geknickten Regenschirmen patschnass in die Gaststube des Bergrestaurants der Wallbergbahn.

Dennoch: Ich merkte mir diesen recht unscheinbaren Berg für ein *Gipfeltreffen* mit einem bergunerfahrenen oder »gehfaulen« Gast. Denn bei schönem Wetter hat man auf der ganzen Tour eine wunderbare Aussicht, und der Gipfel ist von der Wallbergbahn aus in einer guten Dreiviertelstunde mühelos zu erreichen.

Nie hätte ich gedacht, dass ich ausgerechnet mit einem der erfahrensten und besten Extrembergsteiger auf diesen »Grasbuckel« gehen würde: Mit Heiner Geißler, der den Setzberg dann beim Anstieg liebevoll abschätzend einen »schönen Berg, aber einen Kuhberg« nannte.

Warum also ausgerechnet mit Heiner Geißler auf den Setzberg? Dazu gleich mehr …

Heiner Geißler

Heiner Geißler ist nicht nur als Politiker, sondern auch als Bergsteiger zu einer Art lebenden Legende geworden. Seit Jahrzehnten klettert er zum Teil höchste Schwierigkeitsgrade, hat dabei gefürchtete Felswände bezwungen und mit seinen mittlerweile erwachsenen Söhnen beeindruckende Abenteuer in den Bergen erlebt. Seine große Leidenschaft, das Bergsteigen, hat er in dem Buch »Kleine Philosophie der Passionen. Bergsteigen« spannend beschrieben. Außerdem gilt Geißler als einer der wenigen unbeugsamen Freigeister und Visionäre in der Politik. Er war in seiner aktiven Zeit als Generalsekretär und Familienminister in der Ära Helmut Kohl das oft unbequeme soziale Gewissen der Regierung. Einige nannten ihn in Bezug auf frauenpolitische Fragen damals »die einzige Feministin der CDU«. Bei anderen Themen galt er als streitbarer Hardliner, der in politischen Auseinandersetzungen mit provokanten Aussagen polarisieren konnte wie kein anderer.

»Die Frage, ob man politisch etwas bewirken kann, ist nicht davon abhängig, ob man im Bundestag sitzt.«

Logisch, dass Heiner Geißler seit langem auf meiner Wunschliste für das *Gipfeltreffen* stand. Daher schrieb ich ihm einen Brief,

um ihn zu einem *Gipfeltreffen* einzuladen – und er sagte umgehend zu. Zwei Wochen vor dem vereinbarten Termin war ich gerade dabei, ein den bergsteigerischen Fähigkeiten Geißlers würdiges Gipfelziel zu finden. Da klingelte mein Telefon, und Heiner Geißler eröffnete mir, dass es ein »kleines« Problem gab: er lag im Krankenhaus, weil er vor ein paar Tagen an der Wirbelsäule operiert worden war. Diese Operation war aufgrund der Spätfolgen seines lebensgefährlichen Gleitschirmunfalls von 1992 unbedingt nötig geworden. Damals war er nur knapp an einer Querschnittslähmung vorbeigeschrammt.

»Ich bin schon als elfjähriger Junge zweimal aus dem Krankenhaus abgehauen. Ich hab mich nie gern einsperren lassen.«

Ich hatte das *Gipfeltreffen* innerlich sofort abgehakt, zeigte Verständnis für die Absage und wünschte ihm gute Besserung. Aber Heiner Geißler unterbrach mich und protestierte: Er wollte das *Gipfeltreffen* gar nicht absagen! Im Gegenteil, er bestand darauf, das *Gipfeltreffen* zu wagen, obwohl die Ärzte ihm dringend davon abrieten. Er aber war zuversichtlich und meinte, ein Spaziergang

»Das Entscheidende ist, geliebt zu werden. Für die ganze Welt sind Sie vielleicht irgendjemand. Aber für irgendjemand sind Sie vielleicht die ganze Welt!«

in den Bergen würde ihn schneller heilen als zehn Tage »Aqua-Jogging«.

Und da er zur verabredeten Zeit zur Rehabilitation am Tegernsee sein würde, schlug er vor, auf einen nahen und leichten Berg im Tegernseer Land zu gehen. Er dürfe sich nur nicht bücken, verdrehen, oder hinfallen, sonst gäbe es ein Problem. Sofort fiel mir der Setzberg ein, den ich ja eigentlich für einen bergunerfahrenen Gast reserviert hatte. Er schien mir in diesem Fall das ideale Ziel zu sein.

Als ich ihn am frühen Morgen in der Eingangshalle der Klinik abhole, erscheint der 75-jährige »inkognito« mit Baseballkappe auf dem Kopf. Schon auf dem Weg zum Auto bemerke ich an seinem gebückten, schleppenden Gang, dass er nach der Operation noch immer schwer gehandicapt ist. Als er sich beim Einsteigen umständlich und mit verbissenem Lächeln auf den Beifahrersitz quält, mache ich mir ernsthaft Sorgen, dass sein verletzter Rücken den Anstrengungen dieser Bergtour noch nicht gewachsen sein könnte. Aber jeglicher Widerspruch ist bei einem gestandenen »Dickschädel« wie ihm sinnlos …

Auf dem Weg hinauf zum Setzberg erweist sich meine Sorge zum Glück bald als unbegründet. Heiner Geißler geht zwar langsam, aber stetig und routiniert auf den »Kuhberg«.

Es entwickelt sich ein offenes, klares und sehr persönliches Gespräch mit einem klugen Mann, den das Alter zwar sanfter und nachdenklicher, aber in keiner Weise unpräziser gemacht hat.

Heiner Geißler spricht über seine ersten Kletterversuche als Kind in der Schwäbischen Alb und über die Bombenangriffe und den Tod seines Bruders im Zweiten Weltkrieg. Er berichtet, wie er selbst mit 14 Jahren kurz vor Kriegsende noch eingezogen wurde und später desertierte. Auf seiner Flucht lief er tagelang durch den Schwarzwald, weil er seiner Mutter versprochen hatte, dass er zurückkehren würde. »Seit der Zeit habe ich eine Abneigung gegen alles Rechtsradikale«, sagt er.

»Ich bin nicht gehorsam. Ich bin loyal, aber nicht gehorsam. Das sind zwei Paar Stiefel.«

Lächelnd erzählt er von seinem Eintritt in den Jesuitenorden mit 19 Jahren. Dort legte er die drei Gelübde für Armut, Keuschheit, Gehorsam ab, aber recht bald wusste er: Zwei Gelübde würde er nicht halten können – und die Armut war da nicht dabei! Schweren Herzens trat er wieder aus.

Der gläubige Christ bezieht klar Stellung: »Das Zölibat ist absolut falsch. Die Apostel waren alle verheiratet. Und Jesus hatte auch Jüngerinnen, die zu ihm gehalten haben. Als sie ihn verhaftet haben, hat man von den Männern ja nur noch Staub gesehen. Aber die Frauen sind geblieben.«

Am Gipfel angekommen, legt sich Heiner Geißler ins Gras, um ein paar Minuten auszuruhen. Beim Gipfelgespräch ist er dann wieder hellwach und genießt die großartige Aussicht und die Brotzeit. Mit einem Schmunzeln erzählt er von seinem lebensgefährlichen Gleitschirmunfall, bei dem er sich für die Notlandung offensichtlich den falschen Baum ausgesucht hatte, denn die Baumkrone brach ab und stürzte mitsamt dem unglücklichen Piloten in die Tiefe. Er schwärmt von seinem Weinberg, den Tabakpflanzen auf seinem Grund an der Südlichen Weinstraße und von den Bergabenteuern mit seinen Söhnen. Nur über seine Frau erfahre ich nichts. Das hat er immer so gehalten, auch sie will das so, und ich respektiere das selbstverständlich.

»Ich bin fünffacher Opa. Meine Enkel sagen aber alle Heiner zu mir. ›Der Opa Heiner ist kein Opa.‹«

Nach dem Gespräch sitzen wir noch eine Weile schweigend im milden Licht des Spätsommernachmittags auf dem Gipfel, und mein Blick streift Heiner Geißlers charakteristisches Profil mit dem Gefühl, einem außergewöhnlich sympathischen und durchaus weisen Menschen recht nahe gekommen zu sein. ■

»Es kommt nicht auf die grauen Haare an, sondern auf die grauen Zellen.«

»Das ist schon grenzwertig für einen Hamburger«

Mit Robert Atzorn auf der Kampenwand

Anfahrt

A 8
Ausfahrt Frasdorf
Aschau
Hohenaschau
Kampenwandbahn

Von München aus fahren Sie auf der Autobahn A 8 Richtung Salzburg bis zur Ausfahrt Frasdorf. Hier verlassen Sie die Autobahn und folgen der Bundesstraße in südlicher Richtung über Aschau bis nach Hohenaschau. Im Ort Hohenaschau folgen Sie der Beschilderung zur Kampenwandbahn, wo Sie auf dem gebührenpflichtigen Parkplatz Ihr Auto stehen lassen können.

Gipfelweg

Wegzeit:
1 1/2 Stunden

*Die **Kampenwandbahn** ist ganzjährig in Betrieb. Fahrpreise: Erwachsene €13–17, Kinder €7,50–9 (je nach Jahres- und Tageszeit; Berg- und Talfahrt), Ermäßigungen für Familien, Gruppen und ab 15 Uhr*

Einkehrmöglichkeiten:
***Steinlingalm** (ganzjährig geöffnet)*
***Sonnenalm** (ganzjährig geöffnet)*

Von der Bergstation der Bahn auf 1460 m führt uns ein gemütlicher, breiter Weg mit herrlichem Blick auf den Chiemsee und das Voralpenland an der Nordseite der Kampenwand entlang in etwa einer halben Stunde zur Steinlingalm. Wir gewinnen auf diesem Weg zwar nur 10 Höhenmeter, aber herrliche Blicke auf den Chiemsee und den ganzen Chiemgau. Gerade für Kinder und ältere Menschen ist dieser flache Weg für einen wunderbaren Spaziergang mit anschließender Brotzeit auf der Steinlingalm bestens geeignet.

Von der Alm aus führt uns ein Steig nach Süden steil den Hang hinauf, und nach einer Dreiviertelstunde stehen wir auf dem stark ausgesetzten Gipfelplateau der Kampenwand. Für diesen Steig braucht man gutes Schuhwerk und vor allem für die Kraxelpassagen in der letzten Viertelstunde sind Trittsicherheit und Schwindelfreiheit Voraussetzung.

Dafür hat man hier ein echt »hochalpines Gefühl« und kann nach dem abenteuerlichen Aufstieg durch bizarre Steinschluchten und entlang ausgesetzter, zum Teil mit Drahtseilen gesicherter Felsnasen, am zwölf Meter hohen stählernen Gipfelkreuz einen herrlichen Rundblick genießen. An Wochenenden und in Ferienzeiten ist die Kampenwand allerdings oft sehr überlaufen.

Der letzte Wegabschnitt ist außerdem für Kinder und ältere Menschen nur mit allergrößter Vorsicht zu empfehlen. Hier gilt ganz besonders: Nur für Geübte!

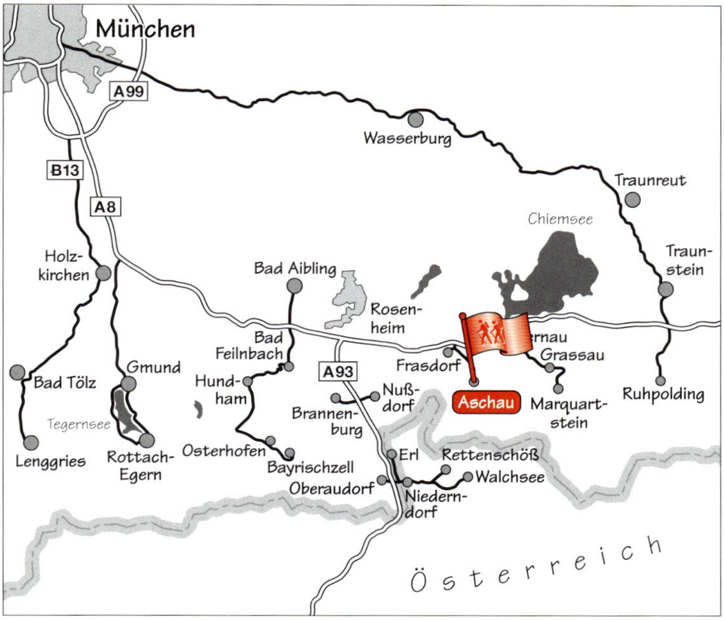

So kommen Sie hin

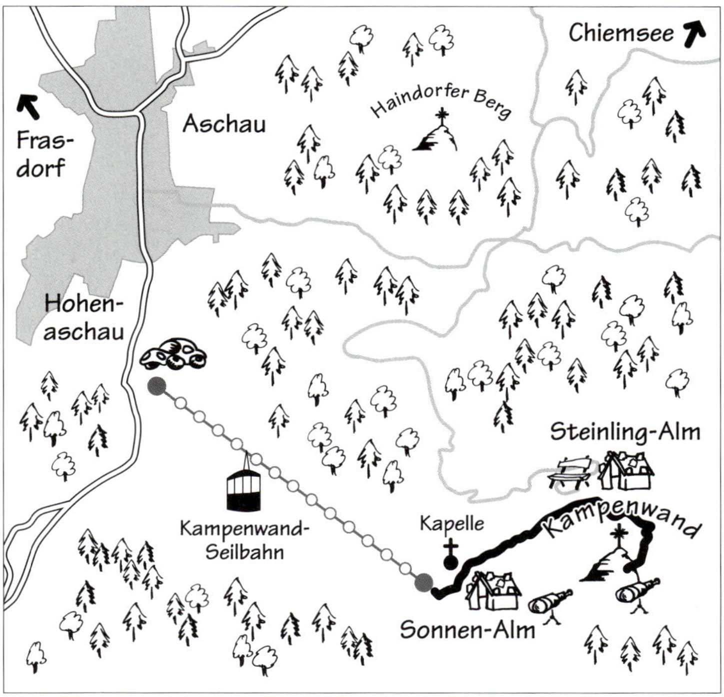

So kommen Sie hinauf

Die Kampenwand

1669 Meter

Bei Hohenaschau im Chiemgau

Die Kampenwand ist einer der berühmtesten und spektakulärsten Hausberge der Münchner. Gerade deshalb wäre er eigentlich kein typisches Ziel für ein *Gipfeltreffen:* zu viele Menschen und zu wenig Ruhe zum Ratschen. Eigentlich suche ich lieber nach den so genannten Geheimtipps, den unbekannten Routen und abseits gelegenen Gipfeln.

Für dieses *Gipfeltreffen* habe ich aber ganz bewusst die Kampenwand gewählt. Sie ist nämlich der Hausberg meines Gesprächsgastes Robert Atzorn. Der gebürtige Hamburger wohnt seit über 20 Jahren am Chiemsee, und obwohl er die Kampenwand direkt vor der Nase hat, war er noch nie auf ihrem Gipfel. Und auch für mich war dieses *Gipfeltreffen* eine »Erstbesteigung«.

Da war ich natürlich gespannt, ob der Hanseate Robert Atzorn, dessen ureigenstes Metier eher das Wasser als das Gebirge ist, diese im letzten Drittel doch sehr anspruchsvolle und durchaus alpine Tour schaffen würde, und ob es mir gelingen könnte, während des Gespräches menschlich an den berühmten Schauspieler heranzukommen. Wir haben beide unser Ziel erreicht, und wir haben es beide nicht bereut.

Robert Atzorn

Robert Atzorn

Er ist einer der beliebtesten Schauspieler im deutschen Fernsehen und seit seiner Hauptrolle in der Serie »Unser Lehrer Dr. Specht« ein großer Star: Robert Atzorn. Doch auch jenseits dieser Attribute hat mich der gebürtige Hamburger mit Wohnsitz am Chiemsee, den ich bis dahin nie persönlich kennen gelernt hatte, immer schon sehr interessiert, obwohl ihm bei Journalisten der Ruf vorauseilt, nicht immer ganz einfach zu sein. Aber das schien mir eher ein Grund mehr dafür zu sein, Robert Atzorn zu einem *Gipfeltreffen* einzuladen.

»Ich habe nie gedacht, so verklemmt wie ich war, dass ich in meinem Beruf so weit komme. Das ist wie ein Wunder, ein großes Glück.«

Am Morgen des *Gipfeltreffens* bringt ihn seine Frau Angelika zum vereinbarten Treffpunkt an der Kampenwandbahn. In Turnschuhen und Jeans macht sich Robert Atzorn auf den Weg. Noch ist der Himmel strahlend blau, aber für den Nachmittag ist ein Wetterumbruch vorhergesagt.

Auf dem flachen ersten Teil der Tour zur Steinlingalm offenbart sich Robert Atzorn von Anfang an in einer Ehrlichkeit und Offenheit, die ich so zu Beginn eines Gipfeltreffengespräches noch

nie erlebt habe: Er erzählt von seinen Eltern, die seinen sechs Jahre jüngeren Bruder immer bevorzugt hätten, von seinen zum Teil traumatischen Erinnerungen an Schulzeit und Pubertät, wo er oft am liebsten einfach »von dieser Erde verschwunden wäre«, und von den missglückten ersten Versuchen, auf einer Schauspielschule Fuß zu fassen.

»Suchtgefährdet bin ich schon. Alkohol war schon ein Problem für mich. Deswegen erlaube ich ihn mir auch selten. Aber wenn, dann trinke ich gescheit.«

Schließlich berichtet er auch von einem Selbstmordversuch, der eigentlich als Hilfeschrei für die sprachlosen Eltern gemeint war. Sein Leben, erklärt mir der beliebte Schauspieler, war in der ersten Hälfte chaotisch und oft schwierig, geprägt von Selbstzweifeln, Beziehungskatastrophen und Alkoholexzessen.

Sein neues Leben begann für ihn erst richtig, als er seine zweite Frau Angelika kennen und lieben lernte. Sie ist seit 30 Jahren seine große Liebe, über die er sagt: »Ich wollte nie eine andere Frau haben.«

»Ich habe keine Angst mehr. Außer vielleicht, wie ich hier wieder runterkomme.«

Mittlerweile befinden wir uns auf der zweiten Hälfte des Weges, dem steilen Serpentinensteig hinauf in die zerklüfteten Felswände unterhalb des massiven Eisengipfelkreuzes der Kampenwand. Eine komplett ungewohnte Situation für Robert Atzorn: Hier oben herrschen hochalpine Verhältnisse.

Es sind Kondition, Trittsicherheit und Schwindelfreiheit gefragt. Die beiden ersten Kriterien sind für meinen *Gipfeltreffen*-Gast kein Problem. Beim dritten Kriterium bin ich mir nicht so sicher. Robert Atzorn kämpft sich durch, aber beim letzten, extrem ausgesetzten Wegstück über einen Felsgrat hinauf zum Gipfel merkt man ihm die Anspannung schon an.

Erleichtert und sicher auch ziemlich stolz umarmt mich Robert Atzorn am mächtigen, zwölf Meter hohen Eisengipfelkreuz auf dem winzigen, nach allen Seiten steil abfallenden Gipfelplateau. Doch als wir uns einige Schritte vom Gipfelkreuz entfernt niedersetzen, um die Brotzeit auszupacken, sind bereits die ersten Wolken als Vorboten eines Wetterumsturzes zu sehen.

Zum Glück bleibt genügend Zeit für eine ausgiebige Gipfelbrotzeit, zu deren Beginn mir Robert Atzorn bei einer Apfelschorle im Plastikbecher zuprostet und mir dabei das »Du« anbietet. Es entwickelt sich ein entspanntes Gipfelgespräch. Robert bezeichnet sich selbst als einen schwierigen Vater, unter dessen cholerischen Ausbrüchen seine zwei mittlerweile erwachsenen Söhne oft gelitten hätten.

Eindrucksvoll schildert er, wie wichtig die Entdeckung von Meditation und Yoga für sein Leben war. Seit vielen Jahren sind tägliche Yogaübungen für ihn der Weg zu Ausgeglichenheit, innerer Ruhe und Glück. Robert ist ein sehr spiritueller Mensch und glaubt fest an Wiedergeburt. Er ist sich sicher, dass ihn nach seinem Tod sein Yogalehrer abholen und dass das Lernen »drüben« weitergehen wird.

»Natürlich hab ich auch Zweifel an meinem Weg. Manchmal denke ich, das ist alles Hokuspokus mit der Meditation, vielleicht gibt's gar keine Reinkarnation und dann sterbe ich und steh blöd da.«

Je länger das Gespräch dauert, umso mehr verblüfft es mich, dass ein Mensch mit einer derart schwierigen und problembelasteten

»Das haben wir gut gemacht mit dem Wetter.«

Jugend zu einer so positiven, starken und ausgeglichenen Persönlichkeit reifen konnte. Ich spüre seine tiefe Dankbarkeit für das Glück, das er in seinem Leben erfahren hat.

Gegen Ende des Gesprächs offenbart er, dass er sich entschlossen hat, seine Zelte am Chiemsee abzubrechen und nach Hamburg zurückzukehren. Für Robert Atzorn, dessen hanseatische Wurzeln auch nach 30 Jahren in Bayern in seiner Sprachfärbung unvermindert durchklingen, blieb Bayern trotz der langen Zeit, die er hier verbracht hat, immer exotisch und wurde nie zu seiner Seelenheimat.

Trotzdem schaut er ein wenig wehmütig auf die Alpenkette, als er sagt: »Aber abgehen wird mir das hier schon.«

Als wir uns an den Abstieg machen, ist die Sonne hinter einer bedrohlichen Wolkenwand verschwunden und Wind kommt auf. Doch erst, nachdem wir uns mit dem ganzen Team auf der Sonnenalm direkt an der Bergstation der Kampenwandbahn den legendären Kaiserschmarrn genehmigt haben, schlägt das Wetter endgültig um. Wieder einmal hat uns unser schon fast sprichwörtliches *Gipfeltreffen*-Glück nicht verlassen.

Robert Atzorn

»Wir sind eigentlich nur hier, damit sich die Seele wieder mit dem Göttlichen vereinigt.«

»Wahrer Genuss ist, wenn einem was wirklich gelingt«

Mit Wolfgang Ambros auf dem Watzmann

Anfahrt

A 8
Ausfahrt Bad Reichenhall/Berchtesgaden
Richtung Ramsau
Engedey

Von München aus fahren Sie auf der Autobahn A 8 Richtung Salzburg bis zur Ausfahrt Bad Reichenhall/Berchtesgaden. Nach der Ausfahrt folgen Sie der B 20 über Bad Reichenhall und Bischofswiesen nach Berchtesgaden. Bei Berchtesgaden halten Sie sich rechts auf der B 305, die Richtung Ramsau führt. Nach wenigen Kilometern erreichen Sie nach der Ortschaft Engedey den Parkplatz Wimbachbrücke. Hier können Sie gegen eine Gebühr auf dem riesigen Wanderparkplatz parken.

Gipfelweg

Wegzeit:
7 Stunden

Einkehrmöglichkeiten:
Stubenalm *(geöffnet von Mitte Mai bis Mitte September)*
Mitterkaseralm *(geöffnet von Juni bis Oktober und von Weihnachten bis Mitte April)*
Watzmannhaus *(geöffnet von Mitte Mai bis Mitte Oktober)*

Vom Parkplatz an der Wimbachbrücke aus führt uns ein bestens beschilderter Weg über Stubenalm und Mitterkaseralm in 4 1/2 Stunden auf 1928 m, zum Watzmannhaus. Der Weg ist zwar ein echter »Hatscher«, aber sehr abwechslungsreich und spannend. Dabei sollte man sich bewusst sein, dass man sich in einem Nationalpark bewegt, das heißt, dass man die Wege nicht verlassen, kein Feuer machen, nichts aus der Natur als Souvenir mitnehmen und schon gar keinen Müll hinterlassen darf.

Der Wegabschnitt von der Mitterkaseralm bis zum Watzmannhaus bietet atemberaubende Ausblicke auf den »kleinen« Watzmann, die Watzmannkinder und das Steinerne Meer.

Auf dem Watzmannhaus hat man die Wahl: Entweder man übernachtet hier, lässt sich von den freundlichen Wirtsleuten Annette und Bruno bekochen und steigt dann frisch und ausgeruht am nächsten Tag die restlichen 800 Höhenmeter auf das Hocheck, den naheliegendsten Watzmanngipfel. Oder man macht nur eine kleine Zwischenbrotzeit und geht am selben Tag weiter zum Gipfel. Diese Variante ist aber nur sehr geübten, konditionsstarken und trittsicheren Bergwanderern zu empfehlen, weil man über 2000 Höhenmeter zu bewältigen hat. Außerdem ist der Weg vom Watzmannhaus zum Hocheck zwar kein Klettersteig, aber ein ausgesetzter und anspruchsvoller Felsensteig mit einigen Drahtabsicherungen. Und anschließend muss man den ganzen Weg ja

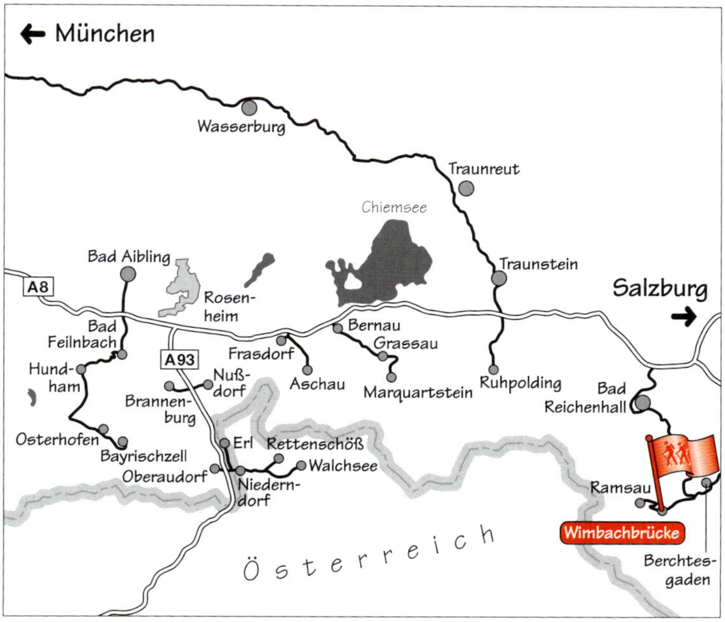

So kommen Sie hin

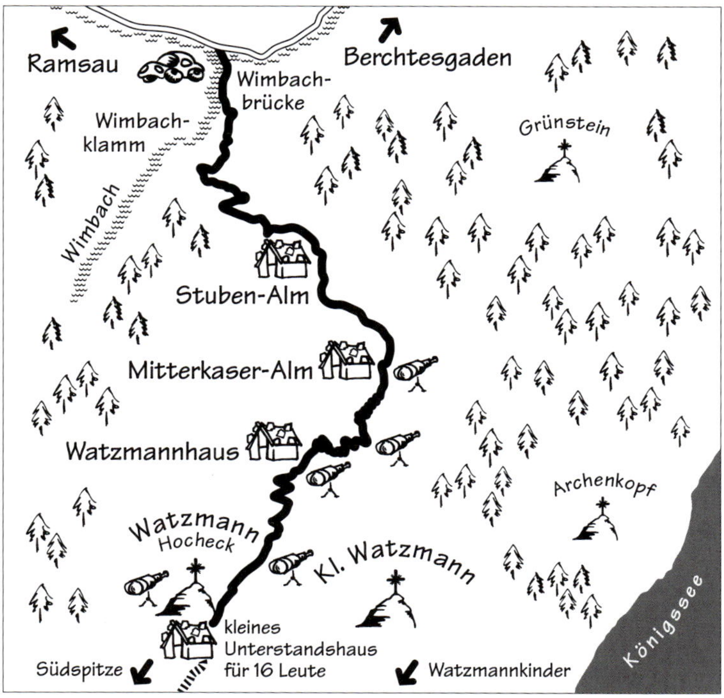

So kommen Sie hinauf

auch wieder runter, da zwicken die Muskeln dann ordentlich! Gemütlicher und sicherer ist die »Zwei-Tages-Variante«. Wie auch immer man sich entscheidet, die Tour ist in jedem Fall sehr anstrengend und witterungsabhängig.

Der Ausblick vom Hocheck-Gipfel des Watzmanns entschädigt jedoch für alle Aufstiegsmühen!

Der Watzmann

2713 Meter
(Watzmann-Mittelspitze)

Über dem Königssee im Berchtesgadener Land

Viele Sagen ranken sich um den Watzmann, der mächtig und majestätisch über dem Königssee thront. Er ist ein mystischer, wilder Berg, ein sagenhaft schöner, aber auch unberechenbarer Felsriese, der schon Generationen von Bergsteigern in seinen Bann gezogen, aber auch über hundert das Leben gekostet hat. Diese Unglücks-Statistik bezieht sich in erster Linie auf die vielen Pioniere und Durchkletterer der 1800 m hohen legendären Ostwand. Dennoch war ich voller Respekt vor diesem Berg, als ich mich für die Besichtigungstour zusammen mit dem Kameramann und einem Ranger des Nationalparks auf den Weg hinauf zum Hocheck machte, dem ersten und »niedrigsten« der drei Hauptgipfel des Watzmanns.

Bei dieser Besichtigung erwies sich die Tour dann zwar als anstrengend und anspruchsvoll, aber letztlich doch auch als ein für relativ trittsichere und konditionsstarke Bergwanderer durchaus zu bewältigendes Abenteuer. Die Ausblicke während des Anstiegs und vom Hocheck-Gipfel sind einfach atemberaubend schön. Wir fanden uns in einer anderen, hochalpinen Welt wieder, die so in den bisherigen *Gipfeltreffen* noch nie gezeigt worden war.

Aber würde es möglich sein, in der ausgesetzten Steinwüste des Gipfelanstieges überhaupt mit einer Steadicam-Kamera, rückwärtsgehend, ein Gespräch zu filmen? Was, wenn das Wetter, wie so oft auf dem Watzmann, plötzlich umschlagen würde? Und vor allem, war es nicht doch ein sehr gefährlicher Plan, den Mann in diese Hochgebirgslandschaft zu locken, der mich überhaupt erst auf die verrückte Idee für dieses *Gipfeltreffen* gebracht hatte?

Wolfgang Ambros

Der österreichische Sänger und Songschreiber Wolfgang Ambros hat vor über 30 Jahren zusammen mit Josy Prokopetz das Musical »Der Watzmann ruft« geschrieben, das mittlerweile Kult geworden ist. Ambros' Ruhm ist daher untrennbar mit dem des Watzmanns verknüpft. Aber der Sänger ist alles andere als ein fitter Bergsteiger. Er ist ein Rock'n'Roller und Lebenskünstler, der schon lange nicht mehr zu Fuß auf einem Gipfel war, und noch nie auf dem Berg, dessen Ruhm so eng mit dem seinen verknüpft ist.

»Meine Heimat ist der Wienerwald, wo ich herkomme. Aber ich halt's nirgendwo für immer aus. Auch aus dem Wienerwald muss ich immer wieder weg.«

Ich kenne Wolfgang Ambros seit vielen Jahren. Wir haben auf mehreren Konzerten gemeinsam musiziert und uns dabei angefreundet. Von meiner Idee, für ein *Gipfeltreffen* auf den Watzmann zu steigen, war der sonst eher skeptische »Grantler« sofort angetan. Ich hatte den Eindruck, dass er nach 30 Jahren »Bühnen-Watzmann« den echten Watzmann unbedingt kennenlernen wollte. Er war sich aber sicher nicht ganz darüber im Klaren, welche physische Anstrengung mit einer solchen Tour verbunden ist. Wir hatten nur einen Drehtag für das *Gipfeltreffen* zur Verfügung, und angesichts der großen Höhendifferenz wäre das Fil-

men der ganzen Tour vom Parkplatz bis zum Gipfel sowohl für das Drehteam als auch für Wolfgang Ambros und mich unzumutbar gewesen. Also verabredeten wir uns auf dem etwas über 1900 m gelegenen Watzmannhaus, um von dort aus die verbleibenden 800 Höhenmeter für das spektakulärste *Gipfeltreffen* zu nutzen, das wir bisher produziert haben.

»Ich bin zurückhaltend. Ich mag kein Geschwätz. Ich hasse Smalltalk.«

Wolfgangs österreichische Gelassenheit schrumpft ein wenig, als er frühmorgens vor der Hütte steht und auf den mächtigen Watzmann blickt, der aus dem Wolkenmeer herausragt und dessen Gipfel in den ersten Sonnenstrahlen glänzt. Auf meine Frage, ob er ihm Angst mache, der Watzmann, murmelt er: »Red' ma später drüber.«

Je höher wir kommen, umso steiler wird das Gelände, und umso karger wird unser Gespräch. Wir sind beide mit Gehen und Schnaufen beschäftigt, steigen oft minutenlang nebeneinander

»Ich bin relativ schicksalsgläubig. Trotzdem hängt vieles davon ab, wie du lebst. Es kommt alles zurück im Leben.«

her, ohne ein Wort zu sprechen. Einmal, an einer besonders exponierten, drahtseilgesicherten Passage, dreht sich Wolfgang, der voraussteigt, zu mir um und sagt außer Atem: »I wunder mi, dass'd kaane Frogn host!«

Das Team leistet großartige Arbeit, allen voran Stephan Nöbauer, der auch in steilstem Gelände rückwärtsgehend das Geschehen mit größter Ruhe und Präzision filmt.

Später, im Schneideraum, wundere ich mich, wie viel »der Wolferl« dann doch erzählt hat beim Aufstieg zum Hocheck-Gipfel des Watzmanns: Wie er, auf dem Land aufgewachsen, mit 16 Jahren ohne Abschluss die Schule geschmissen hat, von zu Hause ausgezogen und über Wien nach London abgehauen ist, wo er als Verkäufer in einem Plattenladen Kunden wie Mick Jagger, Eric Clapton, Rod Stewart und Jimi Hendrix bedient hat. Wie er völlig abgebrannt wieder nach Wien zurückkehrte, wo er dann mit Josy

Prokopetz die ersten Lieder in österreichischem Dialekt schrieb, von denen »der Hofa« es zuerst auf den Index und dann in die Hitlisten der Radiosender schafft.

Als wir uns kurz unterhalb des Gipfels an eine Felskante herantasten und in die von Nebel durchzogene 1800 Meter senkrecht abfallende Ostwand hinabschauen, bekennt Wolfgang: »Jetzt hob i Eiersausen.« Und trotzdem hält der Nichtbergsteiger Ambros mit viel Willenskraft und körperlicher Disziplin bis zum Gipfel durch.

Endlich erreichen wir den Gipfel des Watzmanns. Es herrscht genau das mystisch anmutende Wetter, das Ambros im Watzmann-Lied besingt: »Um seine Gipfel jagen Nebelschwaden!« Beide sind wir erschöpft und hungrig, aber auch glücklich und bewegt. Wir umarmen uns, und als ich ihn lobe: »Gut hast du's gemacht!«, entgegnet Wolfgang mit seinem typischen Schmäh: »Geh, da war doch nix dabei.«

»Ich lass mir schon was sagen. Ich hör zu, aber ich lass mir nix anschaffen, das ist ein Unterschied.«

Es ist geschafft: Der Ambros auf dem Watzmann. Endlich ist er droben auf seinem Berg!

»Ich werd' mir kein Denkmal setzen, ich werd' keine Memoiren schreiben, wenn ich tot bin, dann ist das Leben aus.«

Kaum haben wir uns zur Brotzeit unter das kleine Kreuz gesetzt, holt Wolfgang einen Flachmann mit »etwas Feinem aus dem Wienerwald« aus der Brusttasche seiner Jacke und wir trinken auf seine »Erstbesteigung«.

Wir sprechen über wahren Genuss, den er meist aus der Musik zieht, und über seine erste Ehe, die er nur geschlossen hat, um beim Bundesheer einige Tage frei zu bekommen. Er erklärt, dass er an Vorbestimmung glaubt, und daran, dass das Leben wie ein Backgammonspiel ist: »Die Würfel sind das Schicksal, das man nicht bestimmen kann. Aber man hat 15 Steine, mit denen man selbstbestimmt ziehen kann. Und wenn man gut spielt, wird man am Ende gewinnen.« Angesprochen auf sein angebliches Alkoholproblem, sagt er: »Der Rausch gehört manchmal dazu. Ich habe kein Problem damit. Wenn jemand ein Problem hat, dann sind das die anderen.« Mit unserer Stimmung entspannt sich auch das Wetter: Immer öfter lichtet sich der Nebel, die Sonne spitzt durch, und ab und zu öffnet sich ein atemberaubender Blick in das tief unter uns liegende Wimbachtal.

Wir beenden unser Gespräch gerade rechtzeitig, um noch bei Tageslicht den weiten Abstieg ins Tal zu schaffen. Als ich abends müde und erledigt auf dem Sofa liege, denke ich, dass es doch eine gute Idee war, die beiden zusammenzubringen, den Ambros und den Watzmann. Und dass sich beide sehr ähnlich sind: kantig und mächtig, nicht leicht zu erobern, aus der Ferne manchmal unnahbar und abweisend, aber in ihren Höhen und Tiefen unwiderstehlich und liebenswert.

Wolfgang Ambros

»Wahrer Genuss ist, wenn einem was wirklich gelingt. Das kann ein perfekter Golfschlag sein, oder ein fehlerloses Konzert, oder eben die Befriedigung, auf so einen Berg gekraxelt zu sein.«

»In den Bergen kriegt alles seinen richtigen Maßstab«

Mit Peter Hahne auf dem »Rentnergipfel«

Anfahrt

A8, Inntaldreieck
A93, Richtung Kufstein
Ausfahrt Oberaudorf
Erl
Erlerberg/Spitzstein/ Kranzhorn

Von München aus fahren Sie auf der Autobahn A8 Richtung Salzburg, ab dem Inntaldreieck weiter auf der A93 Richtung Kufstein/ Innsbruck bis zur Ausfahrt Oberaudorf/Niederaudorf/Ebbs. Hier verlassen Sie die Autobahn und biegen links ab, Richtung Niederndorf/Walchsee/Ebbs/Erl.

Unmittelbar nach der Überquerung des Inn, hinter der ehemaligen Grenzstation Niederndorf in Tirol, fahren Sie links Richtung Erl – und somit quasi zurück entlang der Autobahn. Nach wenigen Kilometern erreichen Sie den Ort Erl. Vor der Kirche nehmen Sie die Abzweigung nach rechts und folgen der Beschilderung »Erlerberg/Spitzstein/Kranzhorn«.

Die Straße führt 5km über teils steile Serpentinen immer Richtung Spitzstein/Spitzsteinhaus/Goglalm bis zu einem Wanderparkplatz nach einer scharfen Linkskurve. Im Hintergrund sehen Sie einen großen Bergbauernhof. Hier können Sie parken.

Gipfelweg

Wegzeit:
1 Stunde

Einkehrmöglichkeiten:
Spitzsteinhaus
(ganzjährig geöffnet)
Goglalm *(geöffnet von Mai bis Oktober)*

Gleich oberhalb des Parkplatzes steht ein uralter Baum, an dem ein kleines Taferl mit der Aufschrift »Naturdenkmal« angebracht ist. Von hier aus führt ein kleiner Weg nach rechts am Waldrand entlang, der uns nach 150m wieder auf die asphaltierte Bergstraße Richtung Goglalm bringt. Nach weiteren 100m zweigt ein ebenfalls asphaltierter Weg nach rechts Richtung Steinlalm ab, dem wir folgen.

Nach einigen hundert Metern kommen wir noch vor der Steinlalm zu einer Abzweigung. Wir halten uns links und wandern den Hang hinauf über eine Wiese hinein in den Wald. Auf diesem Weg gelangen wir nach etwa einer halben Stunde zur Goglalm. Auf Höhe der Goglalm führt ein kleiner unmarkierter Weg zunächst ostwärts am Weidezaun entlang und dann, nach etwa 200m, links an einer niederen Natursteinmauer den sonnigen Südhang hinauf.

So kommen Sie hin

So kommen Sie hinauf

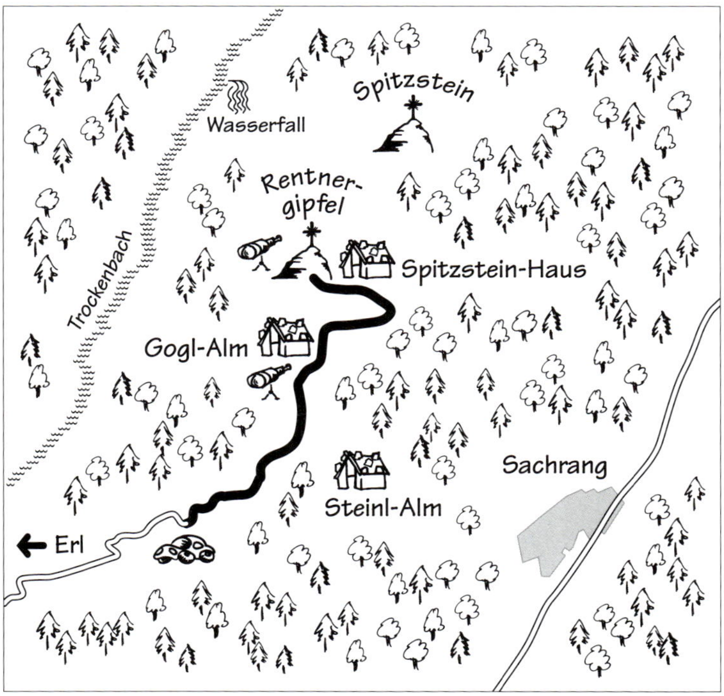

Nach 20 Minuten erreichen wir das Spitzsteinhaus. Von hier aus sind es nur noch 5 Minuten zum Gipfel. Wir gehen über die Wiese hinter dem Haus Richtung Nordwesten und kommen zum hölzernen Gipfelkreuz des »Rentnergipfels«, von dem aus man eine großartige Sicht auf den Wilden Kaiser, die Hauptalpenkette, das Inntal und das Voralpenland hat.

Über uns blitzt die weiße Kapelle auf dem Spitzsteingipfel, auf den ich bereits mit Miro Nemec gestiegen bin, durch die Bäume.

Der »Rentnergipfel«

1280 Meter

Unterhalb des Spitzsteins, über dem Inntal

Beim *Gipfeltreffen* mit Miro Nemec fiel mir auf dem Weg zum Spitzstein knapp oberhalb des Spitzsteinhauses ein verlassener Gipfelkegel mit einem schlichten Holzkreuz auf. In den Wanderkarten waren zwar diese Erhebung und das Kreuz, aber kein Gipfelname verzeichnet.

Einige Wochen später kam ich mit meiner Tochter zurück auf diesen wunderschönen Aussichtspunkt. Auf dem Rückweg fragte ich die Wirtsleute des Spitzsteinhauses und der etwas unterhalb gelegenen Goglalm nach dem Namen des Gipfels. Sie zuckten mit den Schultern und erzählten, dass der Hügel keinen richtigen Namen hat und die Einheimischen ihn nur den »Rentnergipfel« nennen, weil er so leicht zu erreichen ist.

Ich bin seitdem öfter mit meiner Familie, Freunden oder auch allein mit dem Radl auf diesem Gipfel gewesen und wir haben dort schöne Stunden mit Spielen, Beobachten und Erkunden verbracht. Mittlerweile ist der Rentnergipfel eines meiner Lieblingsziele, wenn es schnell und leicht auf einen schönen Berg gehen soll.

Wen es dann immer noch in den Wadeln juckt, der kann in einer knappen Dreiviertelstunde weiter auf den Spitzstein gehen. Und eine »Sonnenuntergangshalbe« auf der Terrasse des Spitzsteinhauses oder auf der Goglalm ist auf alle Fälle immer ein Genuss.

Peter Hahne

Im Herbst des Jahres 2005 flatterte mir ein schmales Buch mit dem Titel »Schluss mit lustig!« auf den Schreibtisch. Den Autor Peter Hahne, stellvertretender Leiter des ZDF-Hauptstadtstudios, kannte ich aus dem Fernsehen als freundlichen und kompetenten Moderator und Journalisten, dessen persönliche und politische Meinungen äußerst kontrovers diskutiert werden. Ich blätterte ein wenig in dem Buch. Nach wenigen Zeilen hatte ich mich festgelesen und konnte es erst nach dem letzten Kapitel wieder aus der Hand legen. Wie auch immer man politisch zu Peter Hahne stand, da hatte einer eine klare und provokante Streitschrift zum Ende der »Spaßgesellschaft« geschrieben.

»Kritischer Journalismus muss ja nicht immer beißend sein, man kann auch lächelnd Zähne zeigen.«

Noch am selben Tag lud ich Peter Hahne per E-Mail zu einem *Gipfeltreffen* ein. Wenige Stunden später antworte er mir herzlich, nahm die Einladung an und wir verabredeten uns für den 16. November am »Rentnergipfel« bei Erl. Dieser Berg, der einfach zu besteigen ist und eine wunderbare Aussicht bietet, schien mir ein ideales Ziel für einen »Flachlandtiroler« wie Peter Hahne zu sein. Außerdem würde auch dem Team und mir nach der Gewalt-

tour auf den Watzmann eine überschaubare Belastung ganz gut tun.

Bis zum 15. November dauerte der milde Spätherbst an. Doch genau am 16. November brach der Winter ein und wir mussten unser *Gipfeltreffen* auf Mai 2006 vertagen. Zu diesem Zeitpunkt ist »Schluss mit lustig!« bereits ein absoluter Bestseller und die Nr. 1 in allen namhaften Buch-Hitlisten.

Als Peter Hahne am frühen Morgen des 9. Mai mit dem Flugzeug aus Berlin in München landet, steht das Team bereits am Berg. Der Schnee ist zwar weitgehend geschmolzen, es herrschen jedoch sehr schlechte Wetterbedingungen: Tiefe Wolken verhüllen die Berge, und ein stürmischer Wind peitscht uns eisigen Regen ins Gesicht. Als Peter Hahne ankommt und uns dick vermummt am Parkplatz stehen sieht, lacht er: »Ihr schaut ja aus wie auf einer Polarexpedition!« Es bleibt uns nichts anderes übrig, als den

»Mein Schicksal bei der ›heute‹-Sendung war es ja, über viele Jahre hinweg um 19 Uhr zu sagen: ›Guten Abend!‹ Und dann 20 Minuten lang zu erzählen, dass es kein guter Abend ist.«

»Rentnergipfel«

»Beten ist nicht nur, wenn man mit gefalteten Händen durch die Welt läuft. Beten ist eine Lebenseinstellung. Dass man Demut hat. Dass man den Anderen respektiert. Dass man dankbar ist.«

Dreh abzubrechen. Peter Hahne zeigt sich trotz des »Schneiderfluges« erstaunlich gut gelaunt und kooperativ. Er bietet an, es drei Tage später noch einmal zu versuchen. Zwar muss er am selben Tag um 19 Uhr ein »Heute-Journal« in Berlin moderieren, aber wenn wir früh genug losgehen, so dass er um 15 Uhr wieder am Münchner Flughafen sein kann, wird das schon klappen, meint er. Wir sind beeindruckt von solcher Flexibilität und Professionalität und beschließen, in drei Tagen einen neuen Versuch zu starten.

Peter Hahne ist bereits am Vorabend in einem Erler Hotel eingetroffen. Diesmal haben wir Glück: Ein strahlend schöner Frühlingstag kündigt sich an.

Als ich um halb 6 Uhr früh am Hotel eintreffe, ist Hahne bereits hellwach und bester Laune. Um 6 Uhr surren die Kameras und wir machen uns auf den Weg zum »Rentnergipfel«.

Nach wenigen Minuten klettert die Sonne über den Hügel und taucht die morgendliche Stille in ein strahlendes, weiches Licht. Noch nie waren wir für ein *Gipfeltreffen* so früh morgens unterwegs. Wir genießen die Stimmung, die erwachende Natur und die menschenleere Berglandschaft. Peter Hahne erzählt lebendig und bildreich aus seiner Kindheit und seiner Jugend und ehe wir uns versehen, haben wir uns bis kurz unter den »Rentnergipfel« geplaudert.

Wir beschließen, uns auf eine exponierte Kuppe zu setzen, die sich einige Meter vom Gipfelkreuz entfernt befindet und eine noch schönere Aussicht auf das Inntal, den Wilden Kaiser und die schneebedeckten Gipfel der Zentralalpen bietet.

Bei der Brotzeit erweist sich Peter Hahne als ein Genussmensch, der sich über eine einfache Mahlzeit mehr freuen kann als über die exklusiven Leckereien der Nouvelle Cuisine. Er lebt als überzeugter Single in Berlin und hat das Gefühl, seine Familie im Geflecht seiner Freunde und Kollegen gefunden zu haben. Dennoch bezeichnet er eine »Single-Gesellschaft, die alt wird«, als das »Schlimmste, was auf uns zu kommt«.

»Das Elende ist Schlagzeilen zu machen. Die sind morgen schon vergessen. Das Entscheidende ist, Spuren zu hinterlassen.«

»Ich esse gerne deftige Sachen. Wenn ich schon auf der Speisekarte lese: ›Dialog an Seefischen auf einem Kiwispiegel‹ find ich alles furchtbar!«

Hahne ist gläubiger Christ und der Überzeugung, dass ein Wertewandel nur dann möglich ist, wenn der Glaube in Politik und Gesellschaft wieder gelebt wird. Überhaupt ist der Glaube das dominierende Thema bei dieser Gipfelbrotzeit, und auf meine Frage nach seinen wichtigsten Werten meint Peter Hahne: »Ich komme um Glaube, Liebe, Hoffnung, die zentralen biblischen Werte, nicht herum.« Angst vor dem Tod hat er nicht, weil er weiß, dass er »getröstet sterben wird und weil es nach dem Tod ja weitergeht«. Dabei lächelt er so bestimmt und optimistisch, dass man ihn fast um die Klarheit seines Glaubens beneidet.

Es ist früher Nachmittag, als wir im Auto sitzen und uns auf dem Weg zum Flughafen machen. Hahne wirkt immer noch frisch und der Abschied ist herzlich. Fröhlich winkend verschwindet er in der Abflughalle.

Drei Stunden später sehe ich ihn mit Krawatte und Anzug in einer TV-Live-Schaltung vor dem Kanzleramt stehen. Strahlend und mit einem leichten Sonnenbrand auf der Stirn …

»Ernsthaftigkeit und Lebensfreude schließen sich nicht aus.«

»Ich hätt's mir ja selber kaum zugetraut«

Mit Christian Ude auf dem Breitenstein

Anfahrt

A8
Ausfahrt Bad Aibling
Richtung Bad Feilnbach
Hundham
Elbach
Schwaigeralm

Von München aus fahren Sie auf der Autobahn A8 Richtung Salzburg bis zur Ausfahrt Bad Aibling. Nach der Ausfahrt biegen Sie rechts ab und fahren weiter Richtung Bad Feilnbach. Kurz vor Bad Feilnbach geht's rechts weiter, Richtung Hundham/Fischbachau/Bayrischzell. In der Ortschaft Hundham biegen Sie an einer T-Kreuzung links ab und folgen der Beschilderung »Fischbachau, Bayrischzell«.

Nach einem knappen Kilometer führt die Straße durch Elbach. Kurz nach dem Ortsende von Elbach sehen Sie auf der linken Straßenseite auf Höhe einer Bushaltestelle einen Wegweiser zur Schwaigeralm. Hier biegen Sie nach links in eine kleine Serpentinenstraße ein, die Sie in wenigen Minuten zur Schwaigeralm führt. Hier darf man parken, aber bitte unbedingt vor oder nach der Tour einkehren, um den Wirt nicht zu verärgern. Zu oft benutzen Wanderer den privaten Parkplatz nur zum Parken und nehmen den Gästen der Alm die Parkmöglichkeit weg!

Gipfelweg

Wegzeit:
1 3/4 Stunden

Einkehrmöglichkeit:
Schwaigeralm *(ganzjährig geöffnet, Mittwoch Ruhetag, Ende November bis Mitte Dezember Betriebsurlaub)*

Direkt an der Schwaigeralm führt ein schmaler Steig ostwärts den Berg hinauf Richtung Breitenstein. Auf diesem abwechslungsreichen Weg über Almwiesen und durch schattige Waldpassagen erreichen wir nach einer knappen Stunde die Bucheralm. Von hier aus hat man einen ersten wunderbaren Blick ins Voralpenland, bei Fön sogar bis nach München!

Von der Bucheralm aus wandern wir einen steilen Steig den freien Südwesthang hinauf. Schon bald bietet sich uns ein schöner Blick auf das Kreuz des Westgipfels. Nach etwa 20 Minuten erreichen wir am Fuße der mächtigen Nordwand des Breitensteins ein letztes Waldstück.

Von hier aus sind es noch 20 Minuten bis zum Westgipfel des Breitensteins. Die Wegstrecke führt uns über einen offenen und sonnigen Wiesensteig, an dem man mit etwas Glück an ruhigen

So kommen Sie hin

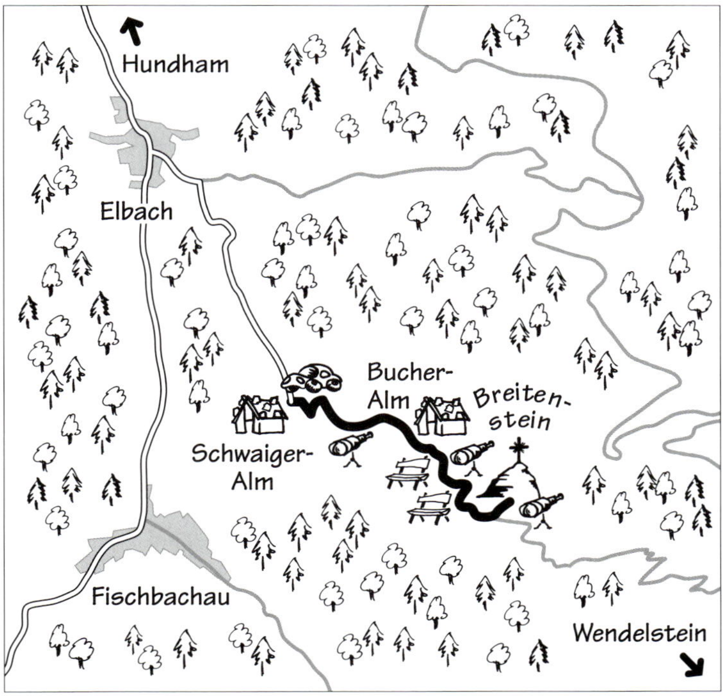

So kommen Sie hinauf

- Parkplatz
- Aussichtspunkt
- Brotzeit-Alm
- Brotzeit-Bankerl
- Gipfel
- Gipfeltreffen-Weg
- alternative Wege

Tagen schon mal ein paar Gemsen begegnen kann, bis zu einem malerischen Sattel, von dem aus wir das erste Mal den leider etwas entstellten Gipfel des Wendelsteins vor uns haben.

Hier wenden wir uns nach links Richtung Norden und erreichen nach 5 Minuten den Westgipfel des Breitensteins, der wie ein Vorposten der Alpenkette einen atemberaubenden Rundblick bietet. Ein paar hundert Meter weiter und wenige Meter höher tummeln sich oft Trauben von Bergkameraden auf dem »großen« Breitenstein, wir aber haben unsere Ruhe, fühlen uns pudelwohl und genießen eine gemütliche Brotzeit.

Der Breitenstein

***1575 Meter** (Westgipfel)*
***1622 Meter** (Breitenstein)*

Bei Schweinsberg und Wendelstein

Der Breitenstein ist ein beliebter Münchner Hausberg und hat zwei Gipfel: Der höhere ist 1622 Meter hoch und sehr populär. Der kleinere Westgipfel dagegen bringt es »nur« auf 1575 Meter, ist aber wegen seiner Ruhe und des Doppelblicks auf den großen Breitenstein und den Wendelstein fast das schönere Ziel. Viele Wege führen hinauf auf diesen mächtigen Vorposten der Alpenkette, alle sind sie schön und abwechslungsreich zu gehen. Ich selbst mag den Nordwest-Anstieg von Elbach aus über Schwaigeralm und Bucheralm am liebsten.

Übrigens sind im Winter viele Skitourengänger auf dieser Seite oberhalb von Elbach unterwegs, weil die Hänge auch bei viel Neuschnee als lawinensicher gelten und der Weg so kurz ist, dass man sogar noch die Nachmittagssonne für eine spontane Skitour nutzen kann.

Außerdem führt der Aufstieg durch ein wunderschönes Naturgebiet: Am Wegrand und auf den Wiesen wachsen viele besondere Blumen- und Gräserarten, und ein Teil des Weges liegt in einem Mischwald, den das Licht je nach Jahres- und Tageszeit in verschiedene Farben taucht.

Christian Ude

Christian Ude

»Ich kann mir überhaupt nicht vorstellen, außerhalb Münchens zu leben. Nicht mal in einer anderen Großstadt. Ich bin zu tief in dieser Stadt verwurzelt.«

Schon lange stand der Münchner Oberbürgermeister Christian Ude auf meiner Wunschliste. Er ist jedoch derart mit Terminen ausgelastet, dass es lange Zeit nicht zu einem *Gipfeltreffen* kam. Schließlich schaffte es seine Sekretärin doch, einen freien Samstag für den »Chef« herauszuschlagen. Und diesen ersten freien Tag seit vielen Wochen reservierte er sich für eine Tour auf den Breitenstein.

Pünktlich um 9 Uhr morgens wird Christian Ude von seinem Fahrer am Treffpunkt abgesetzt. Wie immer wirkt er aufgeräumt und gelassen, keine Spur von Stress. Nur ich bin etwas angespannt und mahne zur Eile. Noch ist der Himmel strahlend blau, aber – wie so oft beim *Gipfeltreffen* – alle Wetterdienste haben für Mittag eine Regenfront mit schweren Unwettern, Hagel und Sturm vorhergesagt.

Schon nach den ersten Schritten spüre ich, wie Ude, der Großstadtmensch, der seit Jahren nicht mehr auf einer Bergtour war, beim Gehen in der Natur auflebt. Während wir wandern, komme

ich in den Genuss seines großen rhetorischen Talents, für das er bekannt ist. Mit viel Humor erzählt er von seinen Eltern, von seiner Kindheit und der Schule. Bereits am dritten Tag brachte er zwei Verweise heim, doch seine Mutter schimpfte nicht nur mit ihm, sondern »stauchte auch den Rektor der Schule fürchterlich zusammen«.

»Meine Eltern sind immer als Paten hinter mir gestanden. Sie haben sogar noch 80-jährig an meinem OB-Wahlkampf teilgenommen und mitgezittert.«

Mit einer für ihn als bekennenden »Un-Sportler« erstaunlichen Fitness bewältigt Christian Ude die gut 600 Höhenmeter hinauf zum Breitenstein. Immer wieder kommentiert er begeistert Wetter und Aussicht. Nach vielen Geschichten über seine Studentenzeit, in der er, wie er sagt, mit seiner »Afrobombe« auf dem Kopf »schrecklich« ausgesehen hat, über die tiefe Verwurzelung mit »seiner« Stadt sowie über die bevorstehende Fußballweltmeisterschaft erreichen wir gegen Mittag den nach Norden steil abfallenden Gipfelfelsen des Breitensteins, der auf Ude wie ein »vorgeschobener Posten der Alpenkette« wirkt.

»Ich habe mein Lebtag außer Bier keine andere Droge zu mir genommen.«

Sichtbar stolz über seinen »Gipfelsieg« blickt Ude hinaus auf das Voralpenland Richtung München, dessen Umrisse man am Horizont erahnen kann. Er kann es kaum noch erwarten, den ersten Schluck vom leider stark schäumenden Weißbier zu trinken und von den selbstgemachten Fleischpflanzerln zu kosten.

Christian Ude, der Griechenland-Liebhaber, genießt die bayerische Brotzeit und fährt fort zu erzählen:

Wie er sich auf einem Faschingsball in seine neun Jahre ältere Frau verliebt hat, die allerdings so »begriffsstutzig« war und zwei Tage brauchte, um zu erkennen, dass er der Mann ihres Lebens ist. »Der Mann schreibt so kluge Artikel, und dann sieht der so bescheuert aus!«, soll sie bei ihrer ersten Begegnung gesagt haben. Weder dies, noch dass sie bereits sechs Kinder hatte, war für ihn ein Hinderungsgrund: er wollte diese Frau heiraten und keine andere.

Er schildert die »größte pädagogische Leistung« seines Lebens: Wie er seine Enkel, bis dahin fanatische Bayernfans, zum TSV 1860 bekehrt hat, und zwar mit Hilfe der »affengeilen« Frisur des damaligen Löwenstürmers Benny Lauth.

Der Münchner OB-Posten ist für ihn »ein Amt mit der maximalen Machtfülle«, auf das er sich erklärtermaßen »unbescheiden konzentriert«. Ein Wechsel in die Landes- oder Bundespolitik kam für ihn nicht in Frage, diese Lehre zog er aus den zahlreichen gescheiterten Ausflügen erfolgreicher Landespolitiker in die Bundespolitik. »Wenn ich die Arbeitplatzbeschreibung des Münchner Oberbürgermeisters mit der irgendeines Bundesministers vergleiche, ja, dann weiß ich aber schon, welches Amt attraktiver ist: nämlich meins.« Schließlich relativiert er erstmalig in der Öffentlichkeit seine bisher eindeutige Erklärung, bei der nächsten OB-Wahl nicht mehr antreten zu wollen: »Man darf den Zeitpunkt des richtigen Stabwechsels nicht übersehen. Man muss ihn aber mit Bedacht wählen. Die Entscheidung ist noch nicht gefallen.«

»Bei einer Wanderung oder auch bei einem Wies'n-Besuch wüsste ich nix besseres als eine bayerische Brotzeit.«

Insgesamt dominieren die persönlichen Themen bei diesem Gipfelgespräch, und auf Frage nach seinen Erwartungen für den ei-

»Es war ein Genuss. Zum Wohl!«

genen Lebensabend sagt er: »Ich gehe mit äußerst positiven Erwartungen auf mein Alter zu. Ich denke, ich werde wie mein Vater noch mit neunzig arbeiten, aber ich werde nicht auf eine Funktion angewiesen sein, um ein erfülltes Leben zu haben.«

Selbst beim Abstieg gehen uns auch ohne Kameras die Themen nicht aus. Zum Glück schlägt das Wetter erst um, als wir uns im Biergarten der Schwaigeralm ein Stück Kuchen genehmigt haben und Christian Ude sich auf den Rückweg nach München macht. Der Wind frischt auf und trägt den ersten Donner der heranstürmenden Regenfront über das Tal. Auf dem Heimweg entzünde ich in der Kirche von Berbling eine Kerze, um mich bei dem dafür Zuständigen für das erneute Wetterglück zu bedanken.

»Ich fürchte, dass bei der Globalisierung viel von der Verankerung, die die Menschen einfach brauchen, verloren geht.«

»Mein höchstes Gut ist die Freiheit«

Mit Veronika von Quast auf dem Farrenpoint

Anfahrt

A 8
Ausfahrt Bad Aibling
Bad Feilnbach
Richtung Wirtsalm/ Schuhbräualm

Von München aus fahren Sie auf der Autobahn A 8 Richtung Salzburg bis zur Ausfahrt Bad Aibling. Nach der Ausfahrt biegen Sie rechts ab und fahren etwa 5 km bis nach Bad Feilnbach. In Bad Feilnbach geht es vor dem Ortsausgang, wo die Hauptstraße einen Linksknick macht, rechts Richtung Ortsmitte. Nach ungefähr 50 Metern biegen Sie beim Supermarkt »nah und gut – Glück« links ab und fahren nun auf einer schmalen Straße (Tempo-30-Zone) Richtung Süden aus Bad Feilnbach heraus auf die Berge zu.

Nach etwa einem Kilometer halten Sie sich bei einer abknickenden Vorfahrt weiter geradeaus, während die Vorfahrtstraße nach links abbiegt (hier ist rechter Hand ein Fahrradgeschäft, linker Hand ein Parkplatz, dahinter ist ein Mauthäusel) und fahren entlang des Jenbachs auf der Bergstraße Richtung »Wirtsalm/ Schuhbräualm«. An Wochenenden und Feiertagen wird hier meist eine Maut verlangt. Die schmale Bergstraße führt in Serpentinen zirka 5 km bergauf bis zu einem Parkplatz. Hier können Sie Ihr Auto abstellen.

Zwischen Ende November und Anfang Mai ist die Bergstraße ab der Mautstation für den Autoverkehr gesperrt.

Gipfelweg

Wegzeit:
1 1/2 Stunden

Einkehrmöglichkeit:
Huberalm *(geöffnet von Juni bis September)*

Am Parkplatz nehmen wir den Weg bergauf Richtung Schuhbräualm. 50 m nach dem Parkplatz halten wir uns bei der Weggabelung links Richtung Schuhbräualm/Rampoldplatte/Hochsalwand. Nach gut 100 m überqueren wir den Jenbach über ein Brückerl und kommen nach wenigen Metern erneut an eine Weggabelung, an der in beide Richtungen der Farrenpoint ausgeschildert ist, und zwar rechts über einen »Weg« und links über einen »Steig«. Wir gehen rechts und wandern etwa ein Viertelstunde auf einem lichten Waldweg, bis wir ungefähr hundert Meter nach der Überquerung eines Bachs zu einer Abzweigung nach links gelangen, die als »Fanny-Niggl-Steig« beschildert ist. Wir

So kommen Sie hin

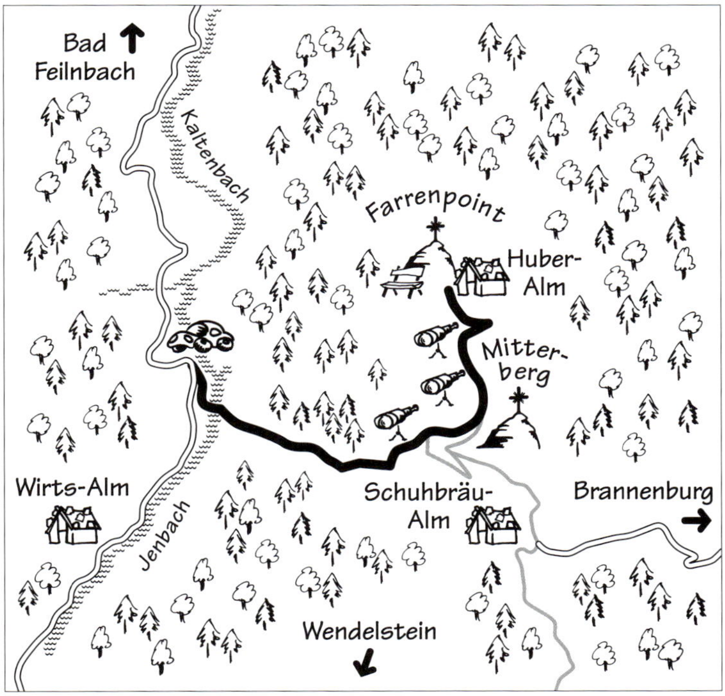

So kommen Sie hinauf

folgen diesem steilen, sonnigen Steig und kommen dabei das erste Mal ins Schwitzen. Bei entsprechender Witterung kann die Wiese vor dem Wald, den wir nach einer weiteren Viertelstunde erreichen, »sauber batzig« sein. Im Wald angekommen, führt uns der Steig in 20 Minuten über Serpentinen bis zu einer offenen Querung. Diese mündet in einen Weg, der rechts Richtung Schuhbräualm/Rampoldplatte/Hochsalwand und links Richtung Farrenpoint führt.

Wir wenden uns nach links und wandern über einen schönen Grassattel, der nach Osten das erste Mal den Blick auf das Inntal freigibt, Richtung Norden. Nach 20 Minuten erreichen wir einen breiteren Grasweg, auf dem wir nach weiteren gut 10 Minuten Wanderung Richtung Nordwesten und an der Huberalm vorbei zum Gipfel des Farrenpoints gelangen.

Der Farrenpoint

1279 Meter

Über dem Eingang des Inntals, beim Mitterberg

Der Farrenpoint liegt unweit von Bad Feilnbach am Eingang des Inntals. Ich war schon auf fast allen Bergen in dieser Gegend, nur – bis zum *Gipfeltreffen* – auf dem Farrenpoint noch nie. Vielleicht, weil er einen so unbayerischen Namen hat, der klingt, als sei er aus der Besatzungszeit der Amerikaner übrig geblieben.

Als ich mich dann endlich doch auf den Weg hinauf auf den Farrenpoint machte, war mir der erste Teil des Weges schon vom allerersten *Gipfeltreffen* mit Elmar Wepper auf dem Mitterberg vertraut. Auch vom Rest des Weges, dem offenen und aussichtsreichen südwestlichen Gipfelanstieg über die Huberalm zur sanften Graskuppel des Farrenpoints, war ich begeistert. Hier steht vor ein paar Fichten ein Holzbankerl, das zur Brotzeit mit Blick auf das Voralpenland einlädt.

Die Huberalm ist im Sommer bewirtschaftet und liegt direkt unterhalb des Gipfels malerisch zum Süden hin auf einer sanften Hochebene, auf der man mit einem guten Buch den Tag verbummeln kann, während die Kinder ohne jede Gefahr stundenlang rumtoben und spielen können.

Veronika von Quast

Veronika von Quast

Veronika von Quast, seit 20 Jahren das »Fräulein Vroni« in der Sketch-Sendung »Kanal Fatal«, gilt als die schrille »Queen of Comedy« des Bayerischen Fernsehens. Ich kenne Veronika seit Jahren und ahnte immer schon, dass hinter ihrer lauten und »kracherten« Fassade eine hochsensible, oft sehr nachdenkliche Frau steckt, die viel erlebt hat und eine Menge übers Leben erzählen kann. Sie freute sich sehr über meine Einladung zum *Gipfeltreffen*. Am Abend davor erinnerte ich sie noch daran, sich »passend« anzuziehen.

Als sie am Jenbachparkplatz aus dem Auto steigt, hat sie ihren kleinen Hund »Herrn Bozzi, einen mopsgedackelten Windhund«, dabei. Sie trägt Cowboystiefel, einen farbenfrohen Westernrock und ein knallenges, tief ausgeschnittenes Mieder. Die total ausgeflippte Elton-John-Brille kann ich ihr gerade noch ausreden, und schon geht's los, rauf auf den Farrenpoint.

»Ich bin ein Naturkind. Das sieht man mir doch an, oder?«

Von Anfang an sprüht Vroni nur so vor guter Laune. Sie erzählt von der Trennung ihrer Eltern, als sie gerade mal drei war, und

von den prägenden Erfahrungen als Scheidungskind in einer Zeit, in der getrennte Elternhaushalte noch eine Schande waren. Sie berichtet sehr offen von der Bewunderung für ihre Mutter, die ganz allein ihre beiden Töchter großzog und von der schwierigen Liebe zu ihrem alkoholkranken Vater, vor dessen Gewaltausbrüchen sie Angst hatte, der aber auch wunderschöne Geschichten erzählen konnte.

»Ich komme aus einer Familie, wo die Weiber immer ihre Weiber gestanden haben.«

Sie schildert, wie sie mit 18 schwanger wurde und ihre Tochter allein aufziehen musste, weil der Vater des Kindes bei einem Autounfall ums Leben kam. Nach der Ausbildung zur Röntgenassistentin arbeitete sie in den folgenden Jahren nicht nur in diesem Beruf, sie war unter anderem auch Wirtin und, wie sie sagt, »Go-Go-Tänzerin in amerikanischen Clubs«.

Nach der Trennung von ihrem Ehemann Michael von Quast beschloss Vroni, von nun an keine »Kohlejobs« mehr zu machen,

»Ich bin nicht einsam. Ich bin allein manchmal, aber ich bin nicht einsam.«

sondern nur noch von der Schauspielerei, die sie bis dahin immer nur nebenbei betrieben hatte, zu leben. Sie ist stolz darauf, nie physisch und psychisch von einem Mann abhängig gewesen zu sein.

Trotz mancher Schicksalsschläge wirkt sie nie bitter und hadert nicht mit ihrem Leben. Da ist immer ein Lächeln, und ich spüre ihren unbändigen Willen, das Leben so zu meistern, wie es eben kommt. »Ich musste mich oft entscheiden, aufzugeben oder zu kämpfen. Ich habe mich immer für kämpfen entschieden.«

Kämpfen muss Vroni auch heute. Und zwar mit ihren Cowboystiefeln, die sie angezogen hat, weil ihre Bergschuhe dummerweise auf einer Berghütte im Garmischer Land liegen. Es ist offensichtlich gar nicht so einfach, den zum Teil recht abschüssigen Steig mit Schuhwerk ohne Profil und mit Absätzen zu gehen, aber auch dieses Handicap meistert sie mit einem Lächeln. Körperlich ist Veronika von Quast, die in diesem Jahr ihren 60. Geburtstag feiert, unglaublich fit. Spontan läuft sie hinter »Herrn Bozzi« her und schlittert mit ihrem Cowboystiefeln über ein Schneefeld. Ohne dass sie ein einziges Mal ernsthaft außer Atem gekommen wäre, erreichen wir den Gipfel. Die Aussicht versetzt Veronika in spontane Begeisterungsausbrüche. Nur der kalte Wind, der uns um die Ohren pfeift, lässt uns ein wenig frösteln.

Das tut dem Brotzeitgenuss jedoch keinen Abbruch. Mit großem Appetit lassen wir uns die Köstlichkeiten aus meinem Rucksack schmecken. Wir sprechen über Vronis erwachsenen Kinder, ihre Freude, Oma zu sein, über Männer und die Angst vorm Altwerden.

Als ich ihr beim letzten »Prost« zum Ende des Gesprächs versichere, dass 60 Jahre doch kein Alter seien, entgegnet sie: »Ich glaube, ich werde 112. Ich gehöre zu der Generation, die 112 wird.« Und sie lacht …

»Herr Bozzi ist ein mopsgedackelter Windhund. Er hat zwar keine Rasse, aber er hat Klasse.«

Ich bin überzeugt, dass jeder, der dieses *Gipfeltreffen* sah, Veronika von Quast als eine humorvolle, tiefgründige und energievol-

»Ich hätt' in meinem Leben gar nix ändern können, weil ich bin so, wie ich bin. Und wenn es so was gibt wie Schicksal, dann hab ich mir das so ausgesucht.«

le Frau erlebte, die viele Seiten hat, die sie im Fernsehen sonst nicht zeigt.

Ins Tal zurückgekehrt, setze ich Vroni am S-Bahnhof Holzkirchen ab, und als sie mir durch das Zugfenster lächelnd zuwinkt, wirkt sie immer noch kein bisschen müde. Am Abend rufe ich sie an, um mich zu erkundigen, wie sehr der Tag sie »geschlaucht« hat. Im Hintergrund ist das fröhliche Lärmen einer großen Runde zu hören und Vroni lässt mich wissen, dass sie bei Freunden eingeladen ist und dass es sicher noch spät werden wird. Erschöpft lege ich den Hörer auf und falle ins Bett.

»Das Alter hat auch was Schönes. Ich bin nicht mehr so laut wie früher, nicht mehr so schrill. Im Alter wird man lässiger.«

»Heimat ist der Platz, wo ich ein paar Leute hab'«

Mit Franz Xaver Gernstl auf dem Jochberg

Anfahrt

A 8
Ausfahrt Holzkirchen/ Tegernsee
Holzkirchen
Bad Tölz
Lenggries
Jachenau
Gasthof »Schützenhaus«

Von München aus fahren Sie auf der Autobahn A 8 Richtung Salzburg bis zur Ausfahrt Holzkirchen / Tegernsee / Bad Wiessee / Bad Tölz. Sie verlassen die Autobahn und halten sich auf der B 318 weiter Richtung Holzkirchen / Tegernsee / Bad Wiessee / Bad Tölz. In Holzkirchen wechseln Sie auf die B 13 und fahren über Bad Tölz weiter bis nach Lenggries. Wenige Kilometer nach der Ortsausfahrt von Lenggries biegen Sie hinter Wegscheid ab Richtung Jachenau und erreichen nach etwa 12 Kilometern den Ort Jachenau. Hier finden Sie mitten im Ortskern, vor der Kirche auf der rechten Seite hinter dem Gasthof »Schützenhaus«, einen beschilderten Parkplatz, auf dem Sie Ihr Auto abstellen können.

Gipfelweg

Wegzeit:
3 3/4 Stunden

Einkehrmöglichkeit:
Jocheralm *(geöffnet von Mai bis Oktober)*

Der beliebteste, aber auch am meisten frequentierte Weg auf den Jochberg führt vom Parkplatz auf dem Kesselberg in etwa eineinhalb Stunden über einen steilen, sehr waldreichen Steig. Wir wählen jedoch den weiteren, aber auch offeneren Weg vom Ort Jachenau aus.

Vom Parkplatz am »Schützenhaus« aus gehen wir etwa einen Kilometer auf einer sonnigen, flachen Forststraße bis zu einem Kreuzmarterl. Hier wenden wir uns nach rechts auf den Fußweg zum Jochberg, der uns in knapp zwei Stunden über Wald- und Wiesensteige zur wunderschön auf 1382 m gelegenen Jocher-Alm führt. Diese Alm wurde das erste Mal im 13. Jahrhundert schriftlich erwähnt und ist in ihrer jetzigen Gestalt seit 1875 im Besitz der Familie Oswald. Hans und Christine Oswald sind freundliche Wirtsleute, die uns mit einem frischen Radler den heißen, langen »Hatscher« bis hierher vergessen lassen.

Von der Jocher-Alm aus scheint das Gipfelkreuz des Jochbergs zum Greifen nahe. Dennoch brauchen wir noch eine gute halbe Stunde, bis wir den schmalen Steig über den offenen Südhang geschafft haben. Auf dem letzten exponierten Nordost-Grad zum Gipfel hin genießen wir einen der wunderbarsten Blicke im baye-

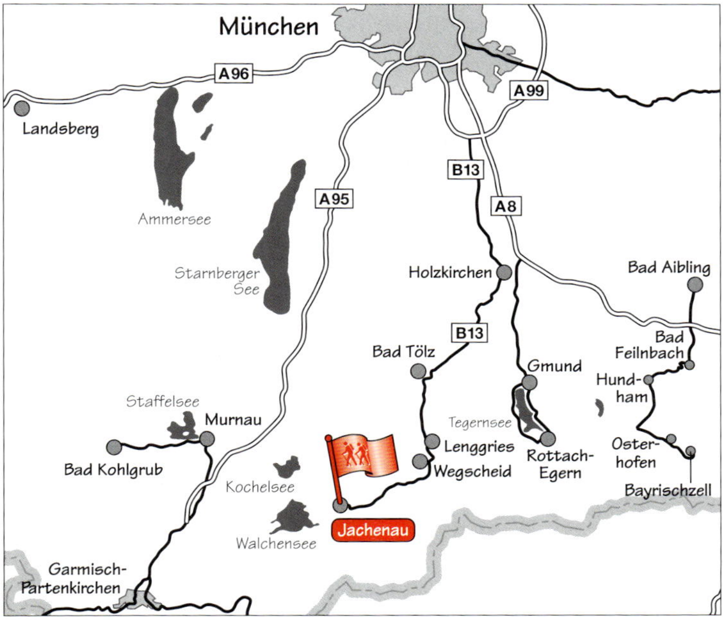

So kommen Sie hin

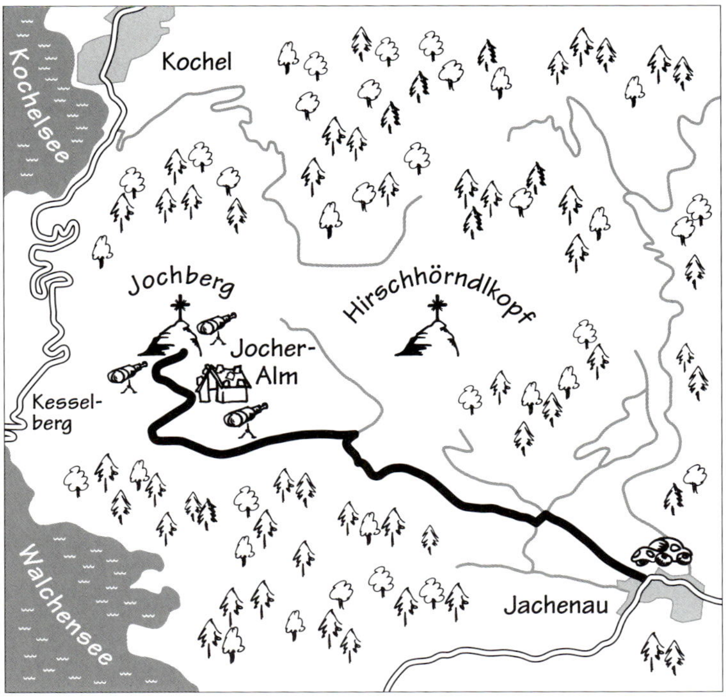

So kommen Sie hinauf

rischen Voralpenland: Zur Rechten glitzert der Walchen-, zur Linken der Kochelsee und vor uns steht das schlichte Holzkreuz des Jochberggipfels. Kein Wunder, dass sich hier an schönen Tagen viele Gleichgesinnte das Gipfelerlebnis teilen, aber das stört uns nicht, wir tauschen mit den anderen Bergwanderern Brotzeit und Erlebnisberichte aus, spekulieren wild über die möglichen Namen der zahllosen Bergriesen im Süden und bestätigen uns gegenseitig die Einmaligkeit dieses Gipfelausblicks.

Der Jochberg

1569 Meter

Zwischen Kochelsee und Walchensee

Den Jochberg hatte ich noch von einer Bergtour mit meinen Eltern vor über 30 Jahren in Erinnerung. Der wunderbare Blick vom Gipfel auf zwei tiefblaue Seen, der eine im Südwesten, der andere im Nordwesten, ist mir all die Jahre im Gedächtnis geblieben. Als ich dann den Jochberg über die bekannte Route vom Kesselbergsattel aus für das *Gipfeltreffen* besichtigte, war ich zwar vom Gipfelausblick erneut fasziniert, vom Anstieg durch den Wald aber etwas enttäuscht, da er viele Hundert Höhenmeter recht schattig, steil und nicht gerade »telegen« bis zur Jocher-Alm hinaufführt. Außerdem war dieser Weg von ganzen Strömen von Bergwanderern bevölkert, was ein *Gipfeltreffen* auch nicht gerade einfach macht. Dennoch wollte ich unbedingt ein *Gipfeltreffen* auf diesem Traumgipfel realisieren und dachte mir, dass es doch auch noch einen anderen Weg hinauf geben musste.

Beim Abstieg ins Tal traf ich vor der Jocher-Alm Hans Oswald, der die Alm bewirtschaftet. Er sagte mir, dass es von Jachenau aus einen zwar weiteren, aber auch sonnigeren, offeneren und vor allem unbekannteren Weg auf den Jochberg gäbe.

Ich machte mich sofort an die Erkundung dieses Weges und war begeistert. Auf dieser Route ließe sich bestimmt ein schönes *Gipfeltreffen*-Gespräch führen. Das einzige Risiko bei der offenen südseitigen Lage war, dass es an einem sonnigen Tag zu heiß werden könnte. Es wurde dann auch ein sonniger Tag, und zwar einer der heißesten im Hitze-Juli 2006 … nicht allein deshalb wurde es für mich ein unvergessliches *Gipfeltreffen*.

Franz Xaver Gernstl

Franz Xaver Gernstl

Franz Xaver Gernstl ist bekannt für unaufgeregte, echte und volksnahe Interviews. Seine Serie »Gernstl unterwegs« ist Kult. Seit 23 Jahren ist Gernstl dafür mit seinem Kameramann Hans Peter Fischer und dem Tonmann Stefan Ravasz in einem roten Bus unterwegs durch Deutschland, um mit Menschen zu sprechen. Für seine Reportagen hat Gernstl nicht nur zwei Mal den Adolph-Grimme-Preis und den Bayerischen Fernsehpreis, sondern auch die Wertschätzung der Kollegen und die Zuneigung des Fernsehpublikums gewonnen. Im Frühsommer war ich in seinem Kinofilm »Gernstls Reisen – Auf der Suche nach dem Glück«, einem unterhaltsamen, lustigen und weisen Film über das Leben, der mich sehr beeindruckt hat.

»Wenn Du was machst, mach's so gut wie's geht, weil schlechter wird's von selber.«

Ich kenne Franz seit meiner Anfangszeit beim Bayerischen Fernsehen Mitte der Achtzigerjahre. Seit damals hat man über den Mensch Franz Xaver Gernstl reichlich wenig erfahren. Er gilt nicht gerade als Plaudertasche, was sich auch in seinem wortkargen, aber unwiderstehlich uneitlen Interviewstil zeigt. Höchste Zeit also, den Gernstl mal zu einem *Gipfeltreffen* einzuladen.

Ein Freund und Kollege von ihm, dem ich von diesem Plan erzählte, fand die Idee spannend, war aber gleichzeitig skeptisch: »Der redet nicht viel. Das wird eine zähe Nummer ...«

»Das göttliche Nichts auf dem Balkon bei einem Glas Montepulciano.«

Als Gernstl pünktlich um 9 Uhr am Parkplatz in Jachenau vorfährt, zeigt das Thermometer schon weit über 20 Grad, und für den weiteren Tagesverlauf hat der Wetterdienst Temperaturen von bis zu 36 Grad vorausgesagt. Gernstl stört das wenig, er wirkt ruhig und entspannt in seinem schwarzen »Designer-Hemd«, das, wie er auf dem Gipfel stolz verrät, nur 25 Euro gekostet hat. Er schwingt sich seinen Rucksack, mit »einer Gipfelüberraschung« drin, auf den Rücken und los geht's.

Ich hatte mir extra vorgenommen, ganz im Gernstl-Stil erst mal gar keine Frage zu stellen, das Schweigen auszuhalten und abzuwarten, was passiert. Doch Franz überrascht mich, indem er sofort unaufgefordert anfängt zu erzählen: Dass er seit zehn

»Ich könnte nicht sagen, dass ich ein sportlicher Mensch bin. Eine gewisse Grundsportlichkeit ist angeboren. Ich trag halt meine Biertragerl hoch.«

Jahren nicht mehr in den Bergen war, und dass er, im Schatten des Wendelsteins geboren, selbst auf diesen, seinen »Geburtsberg«, noch nie gestiegen ist. Und schon sind wir mitten drin im Gespräch.

Keine Spur von Verschlossenheit, der Franz hat offenbar Lust zu ratschen. Er erzählt von seiner Kindheit in Rosenheim, seinen guten Noten in der Schule – »peinlich, oder?« – und den Anfängen als Filmemacher. Schon immer, sagt er, ist er irgendwie damit beschäftigt gewesen, die Mädels zu beeindrucken, auch wenn ihm heute ein gutes Essen oder ein schöner Film genauso wichtig sind.

Trotz der mittlerweile großen Hitze verkneifen wir uns eine Brotzeitrast auf der Jocher-Alm, obwohl der Gernstl sicher gern mit der Wirtin geratscht hätte. Inzwischen fließt bei allen im Team der Schweiß in Strömen, und ich beneide vor allem Stephan Nö-

bauer nicht, der tapfer und mit bester Laune seine schwere Steadicam rückwärts gehend den sonnigen Südhang hinaufträgt.

Als mir Franz kurz unter dem Gipfel gerade seine ganz persönliche Philosophie vom Glück schildert, treffen wir auf eine Frau, die zwar mich, aber nicht den Gernstl erkennt. Franz verwickelt sie dennoch sofort in eine fröhliche Plauderei, erfährt, dass sie Helga heißt, und mir wird klar, dass dieser Mann wirklich die Begabung hat, mit Wildfremden sofort in ein Gespräch zu kommen.

Am Gipfel angekommen, tauscht Franz das durchgeschwitzte Hemd gegen ein »baugleiches« Imitat aus Asien, das »noch weniger gekostet hat«, öffnet den Rucksack und holt die Überraschung heraus: eine Flasche edlen Rotwein. Wir teilen uns den eigens mitgebrachten Weinschwenker, und der schwere Wein steigt uns nach dem stundenlangen Gehen in der Hitze ein wenig in den Kopf.

»Nicht Glück macht zufrieden, sondern Zufriedenheit macht glücklich.«

Franz bestaunt die wunderbare Aussicht, genießt die Brotzeit und berichtet entspannt von seiner Art, Filme zu machen, von seiner Leidenschaft fürs Kochen und gutes Essen und von seinem

»Ich hock mich gern hin, trink' ein Glas Rotwein und mach' nix! Der ganze Gedankenbrei sortiert sich und verschwindet. Das ist göttlich. Das ist ein echtes Ziel.«

einzigen Lebensplan: alt zu werden. Vor zwei Tagen hat er aufgehört zu rauchen, was jedoch nicht viel heißen mag, weil er schon sehr oft aufgehört hat. Aber auf dem Gipfel des Jochbergs verspricht er mir, dass er es diesmal durchhalten wird, ganz im Ernst!

Lächelnd blickt er auf das Bergpanorama im Süden und sagt: »Nicht Glück macht zufrieden, sondern Zufriedenheit macht glücklich. Die Leute sollten aufhören zu jammern und das Leben so nehmen, wie es ist.« Seine einzige Angst ist die vor dem Tod, weil er dann nicht mehr in diesem wunderbaren Leben mitspielen darf. »Ich bin gern auf diesem Planeten«, erklärt er. Auf meine Frage, was wohl nach dem Tode kommt, sagt er: »Keine Ahnung, man sagt, in der Hölle gibt's die besseren Weiber. Aber der Himmel wär' auch recht!«

Unmittelbar nach dieser letzten Frage schnorrt er unseren Tonassistenten, den einzigen Raucher im Team, um eine Zigarette an, und sagt auf meinen fragenden Blick: »Nur zum Übergang. Du musst ja nicht herschauen ...«

»Den hübschen Frauen zu imponieren, dafür sind wir doch auf der Welt, oder?«

»Glück ist eine Haltung zur Welt«

Mit Ilse Neubauer auf dem Wank

Anfahrt

A 95
Garmisch-Partenkirchen
Richtung Mittenwald
Richtung Schlatan/Höfle
Gschwandtnerbauer

Von München aus fahren Sie auf der Autobahn A 95 Richtung Garmisch bis zum Autobahnende in Eschenlohe. Von hier aus geht es auf der Bundesstraße B 2 / E 533 weiter über Oberau nach Garmisch-Partenkirchen. Sie halten sich links und folgen der Beschilderung Richtung Partenkirchen/Wankbahn. Die Ortschaft Partenkirchen durchqueren Sie auf der Hauptstraße Richtung Mittenwald und biegen etwa 4 Kilometer nach dem Ortsende, der Beschilderung Schlatan/Höfle folgend, nach links auf eine schmale Bergstraße ab. Nach wenigen Hundert Metern halten Sie sich an einer kleinen Gabelung rechts Richtung »Gschwandtnerbauer«. Parkmöglichkeiten gibt es entweder hier vor dem Durchfahrtsverbotsschild, oder etwas weiter unten an der Abzweigung von der Hauptstraße.

Gipfelweg

Wegzeit:
2 Stunden

Einkehrmöglichkeiten:
Sonnenalm
(ganzjährig geöffnet),
Wankhaus
(ganzjährig geöffnet),
Gschwandtnerbauer
(ganzjährig geöffnet, Montag und Donnerstag Ruhetag, November und Dezember Betriebsurlaub)

Vom Parkplatz an der kleinen Bergstraße wandern wir auf einem breiten Forstweg in gut 10 Minuten zum Berggasthof »Gschwandtnerbauer«, von dem aus sich uns gegen Süden hin bereits ein erster herrlicher Ausblick auf das Wettersteingebirge und die Zugspitze bietet.

Wir widerstehen der Versuchung, bereits hier bei einer Brotzeit zu verweilen, und machen uns auf den Weg zum Gipfel. Wir wandern den kleinen Steig oberhalb des Gasthofs hinauf und gehen über die Almwiesen hinein in den lichten Wald. Etwa eine Dreiviertelstunde lang folgen wir diesem meist schattigen Steig Richtung Norden und biegen dann an einer Weggabelung, der Beschilderung »Wank« folgend, nach links Richtung Westen ab.

Hier wird der Steig noch etwas steiler und nach einer weiteren halben Stunde treten wir aus dem Wald hinaus auf eine offene Flanke. Der Ausblick auf die umliegenden Bergriesen wird mit jedem Schritt atemberaubender. Die verbleibenden 20 Minuten über den Grat bis zur Bergstation der Wankbahn mit Blick auf die Zugspitzkette sind wirklich mit das Schönste, was man

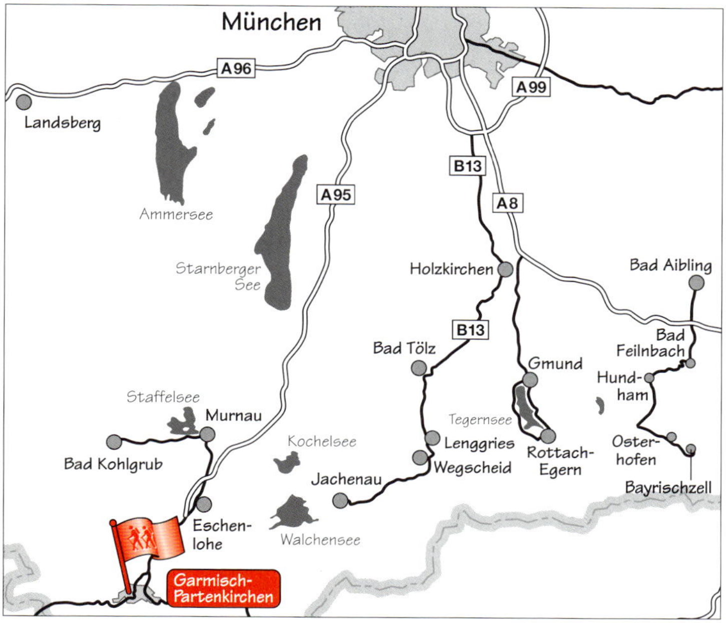

So kommen Sie hin

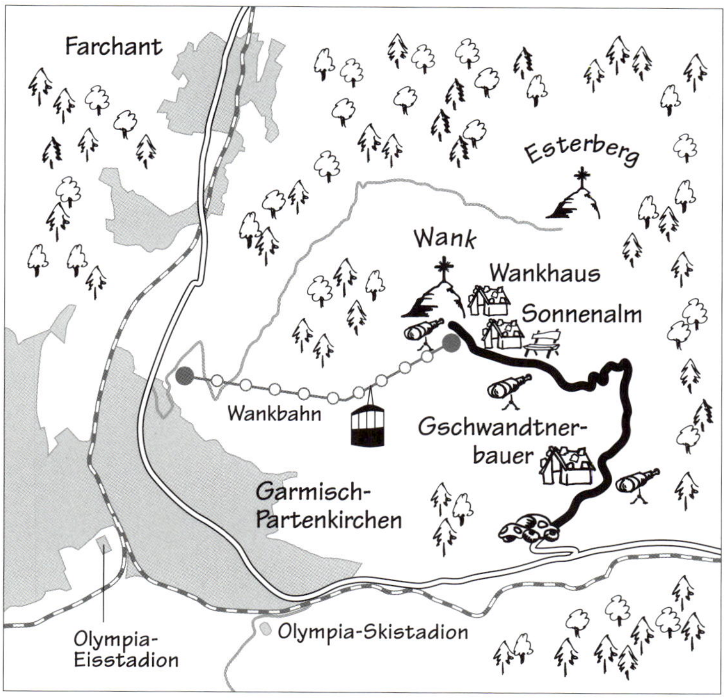

So kommen Sie hinauf

- Parkplatz
- Aussichtspunkt
- Brotzeit-Alm
- Brotzeit-Bankerl
- Gipfel
- Gipfeltreffen-Weg
- alternative Wege

an Wanderpanoramen in den bayerischen Voralpen erleben kann.

An der Sonnenalm, die gleichzeitig Restaurant und Gipfelstation der Wankbahn ist, haben wir zwei Möglichkeiten: Entweder wir nehmen uns einen Liegestuhl auf der riesigen Panoramaterrasse und lassen uns von den Wirtleuten kulinarisch verwöhnen oder wir gehen die noch verbleibenden 5 Minuten weiter bis zum Wankgipfel.

Für das *Gipfeltreffen* haben wir uns natürlich für die zweite Variante entschieden, um in Ruhe die mitgebrachte Brotzeit genießen und ausgiebig ratschen zu können.

Der Wank

1780 Meter

Bei Garmisch-Partenkirchen

Er ist ein seltsamer Berg, der Wank. Unmittelbar am Ortsrand gelegen und kinderleicht mit der Wankbahn erreichbar, ist er ein Wahrzeichen von Garmisch-Partenkirchen und dennoch ein fast »vergessener« Berg. Das liegt sicher daran, dass der gemütliche Gras- und Waldbuckel nicht mit seinen spektakulären Kollegen auf der anderen Seite der Stadt – Waxenstein, Kreuzeck, Alpspitze und Zugspitze – mithalten kann. Die Wander- und Skitouristen konzentrieren sich lieber auf den höchsten Berg Deutschlands und die umliegende Berglandschaft.

Das verschafft dem Wank ein unauffälliges Schattendasein, was ihn für uns Bergwanderer wiederum spannend macht. Und jeder, der einmal auf dem Gipfel des Wanks gestanden hat, wird den atemberaubend schönen Blick auf das Zugspitzmassiv und Garmisch-Partenkirchen nie vergessen.

Stephan Nöbauer, unser Stedicam-Kameramann, ist gebürtiger Garmischer und hat mir den Wank schon oft für ein *Gipfeltreffen* ans Herz gelegt. Und als sich dann Ilse Neubauer, mein Gast für diese Sendung, eine Tour in den Garmischer Bergen wünschte, war es endlich an der Zeit, den Wank zu besteigen.

Ilse Neubauer

Ilse Neubauer

Ilse Neubauer ist eine der bekanntesten Schauspielerinnen in Bayern. Rollen wie die der Ilse Haslbeck in der Serie *Die Hausmeisterin* haben sie zum Kultstar gemacht. Dennoch weiß man wenig über ihre Person, weil sie sich in der Glitzerwelt der Talkshows und der Boulevardzeitungen äußerst rar macht. Sie verzichtet seit dem Beginn ihrer Karriere vor vierzig Jahren auf ein Management und steht ganz normal im Münchner Telefonbuch.

Es war gar nicht so leicht, Ilse Neubauer zu einem *Gipfeltreffen* zu überreden. »Das interessiert doch keinen!«, sagte sie mehrfach in unserem Telefonat, in dem ich ihr meinen Wunsch nach einem persönlichen Gesprächsportrait in den Bergen schilderte. Mich hat es aber interessiert, und obwohl Ilse Neubauer noch an den Folgen eines schweren Unfalls mit mehreren Knochenbrüchen litt, sagte sie schließlich doch zu. Sie wünschte sich eine einfache Wanderung in den Garmischer Bergen, weil sie dort auf einem Bergbauernhof mit ihrer Mutter und ihrer Schwester einen Teil ihrer Kindheit verbracht hat.

»Ich möchte eine ganz alte Schauspielerin werden: Spielen, bis ich tot von der Bühne falle.«

Um halb acht Uhr bringt ein Taxi Ilse Neubauer zum verabredeten Treffpunkt am Luise-Kieselbach-Platz in München. Sie trägt ein knallbuntes Sommerkleid und hat als einzige Bergausrüstung eine Plastiktüte mit nagelneuen Bergschuhen dabei. Schon im Auto erzählt sie viel und je näher wir den Bergen ihrer Kindheit kommen, desto mehr beginnt Ilse Neubauer zu strahlen. Als wir am Gschwandtnerbauern bei Sonnenschein und in bester Laune mit dem Dreh beginnen, bin ich mir sicher, dass dies ein wunderbar unkompliziertes *Gipfeltreffen* werden wird, eine »gmahde Wiesn«, wie der Bayer sagt.

»Garmisch und Umgebung, des is mei Hoamatl.«

Auf dem ersten Teil des Weges erzählt Ilse Neubauer von ihrer Kindheit in München und Garmisch. »Ich habe viel geträumt«, sagt sie, »und habe oft die Wirklichkeit mit meinen Träumen durcheinander gebracht.« So träumte sie eines Nachts, in einer fernen Stadt gewesen zu sein und war am nächsten Morgen felsenfest davon überzeugt, dass der Traum Wirklichkeit gewesen

»Das Schöne am Alter ist, dass man lernt, sich so anzunehmen, wie man ist.«

sei. Doch als sie ihrer Mutter von der fernen Stadt berichtete, meinte diese nur: »Jetzt lügt die Ilse wieder.«
Von der Scheidung ihrer Eltern erfuhr sie auf der Straße von einem anderen Kind, das ihr die Zunge rausstreckte und rief: »Ätsch, deine Eltern sind doch gar nicht verheiratet!« Für die kleine Ilse damals ein traumatisches Erlebnis.

Ihren Sohn Andreas bekam Ilse Neubauer bereits mit 21. Immer wieder sprach der Vater des Kindes von Heirat und erklärte Ilse, dass sie sich als verheiratete Frau solch »ledige Dinge« wie Schauspielerei und Kneipenbesuche nicht mehr erlauben könne. Und Ilse beschloss kurzerhand: »Wenn das so ist, dann heirate ich eben nicht!« Nach sechs Jahren ging die Beziehung auseinander, und bis heute ist die Schauspielerin unverheiratet geblieben.

Als wir nach einiger Zeit aus dem Wald kommen und den wunderschön gelegenen offenen Almrücken beim Roßwank erreichen,

unterbricht plötzlich ein ohrenbetäubender Lärm unser intensives Gespräch. Keine zehn Meter über unseren Köpfen fliegt ein Hubschrauber Richtung Wankgipfel. Wir vermuten und hoffen, dass es bei dieser einmaligen Störung bleibt, erfahren jedoch bald, dass dem leider nicht so ist: Die Bergwacht veranstaltet an diesem Tag ausgerechnet am Wank eine ganztägige Seilwinden-Rettungsübung, sodass der Hubschrauber ständig in der Luft ist und uns das unangenehme Rotorengeräusch während des gesamten restlichen Weges mal stärker und mal schwächer um die Ohren donnert. So ein Pech!

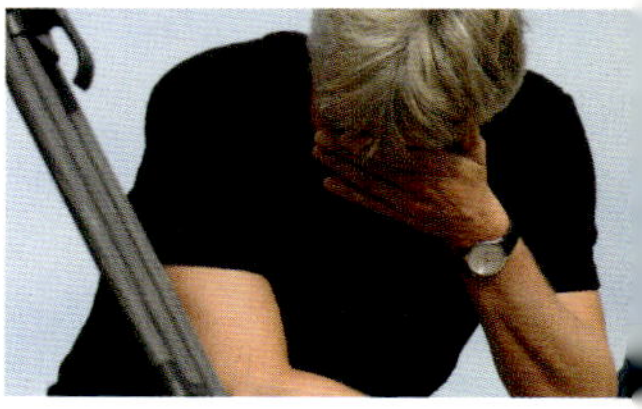

In so einem Fall hat man als Interviewer natürlich Bedenken, dass der Gast den inhaltlichen Faden oder gar die Lust, das Gespräch fortzuführen, verliert. Doch das Gegenteil ist der Fall: Ilse Neubauer erteilt mir eine großartige Lektion in Sachen Geduld, Gelassenheit und Konzentration. Sie bleibt ganz ruhig und erzählt mit großer Offenheit von ihrer Zeit als allein erziehende Mutter und Schauspielerin und von der schwierigen Beziehung zu ihrer in den letzten Jahren psychisch kranken Mutter: »Früher war meine Mutter eine sehr sachliche, nüchterne Frau. Doch durch ihre Krankheit wurde sie wie ein Kind, für das meine

»Glück ist eine Haltung zur Welt.«

»Ich bin eine sehnsüchtige Frau. Aber ich weiß gar nicht, wonach ich mich so sehne … einfach so, nach dem Leben.«

Schwester und ich sorgen mussten. Aber ich habe sie immer geliebt.« Hier zeigt sich Ilse Neubauers, wie sie selbst sagt, beste Eigenschaft: »Ich bereue nichts. Es ist, wie es ist. Und wenn etwas vorbei ist, ist's eben vorbei.« Dennoch spüre ich ihre Trauer, dass außer ihrem Sohn und der besten Freundin alle Menschen, die ihr nahe standen, bereits gestorben sind.

Als wir am Wankgipfel ankommen, ist der Hubschrauberlärm so penetrant und nervtötend, dass wir beschließen, das Gipfelgespräch erst fortzusetzen, wenn dieses gelbe Ungeheuer endlich Ruhe gibt. Ilse Neubauer lässt sich weder von der langen Wartezeit noch vom Hubschrauberlärm aus der Ruhe bringen. Gelassen legt sie sich in einen Liegestuhl des Wankhauses, das direkt unterhalb des Gipfels liegt, und genießt die Aussicht und den strahlenden Sonnenschein, während ich mich angespannt und nur widerwillig in Geduld übe.

Als drei Stunden später endlich Ruhe einkehrt, müssen wir uns mit unserer Gipfelbrotzeit beeilen, um noch die letzte Gondel ins Tal zu erwischen. Dennoch bin sogar ich ganz plötzlich erstaunlich gelassen und ruhig. So wird das Gipfelgespräch trotz des Zeitdrucks sehr schön und intensiv. Als wir in letzter Minute die Seilbahn erreichen, bemerkt Ilse Neubauer mein erleichtertes Lächeln und sagt: »Schön, dass du am Ende auch noch losgelassen hast!«

»Ich find es immer so schön, dass in der Natur alles für jeden umsonst ist.«

Schmidbauers Gäste

Andreas Giebel

Andreas Giebel, 1958 in München geboren, erlernt zuerst den Beruf des Dekorateurs. Ab 1979 steht er dann mit kabarettistischen Texten auf der Bühne, sein erstes Soloprogramm *der mensch ist sein fehler* präsentiert er 1984. In den darauffolgenden Jahren tritt er mit Soloprogrammen wie *Der beste Mensch der Welt, Wenn da Boaznhocka dramd* oder *Vom Heben gezeichnet* auf und wird dafür mit Preisen ausgezeichnet, unter anderem mit dem Deutschen Kleinkunstpreis (1997), dem Bayerischen Kabarettpreis (2001) und dem Deutschen Kabarettpreis (2005). Seit 2003 zeigt er sein Programm ... *Der Sonne entgegen!,* in dem er Geschichten von Menschen mitten unter uns, von Missverständnissen und falschen Erwartungshaltungen erzählt. Er lebt mit seiner Frau und den vier Töchtern in seiner Heimatstadt München.

Markus Wasmeier

Markus Wasmeier, 1963 in Schliersee geboren, gewinnt als Fünfjähriger sein erstes Skirennen. Zwar macht er – wie sein Vater – eine Ausbildung zum Maler, sein wahres Talent ist aber, wie sich herausstellt, das Skifahren: 1982 nimmt er an seinem ersten Weltcup-Rennen teil und steht in Folge fast jede Saison auf einem Stockerl. 1994 beendet er seine Karriere und kann heute auf viele Erfolge zurückblicken, darunter zwei olympische Goldmedaillen und mehrere Auszeichnungen zum »(Ski)Sportler des Jahres«. Seit 1997 arbeitet er gemeinsam mit der Gemeinde Schliersee am »Markus Wasmeier Bauernhof- und Wintersportmuseum Schliersee«, einem echten altbayerischen Dorf, das als Freilichtmuseum der Öffentlichkeit zugänglich gemacht werden soll.

Michaela May

Michaela May wird 1952 als Gertraud Michaela Mittermayer in München geboren und spielt im Alter von zehn Jahren ihre erste Hauptrolle in *Onkel Toms Hütte,* weitere Fernsehrollen folgen. Nach dem Abitur absolviert sie zunächst eine Ausbildung zur Erzieherin, steht aber nebenbei weiterhin vor der Kamera. 1974 gelingt ihr mit Helmut Dietls BR-Serie *Münchner G'schichten* der Durchbruch, seitdem wirkte sie neben ihrer erfolgreichen Arbeit am Theater in etwa 300 Filmproduktionen mit – darunter in bekannten Fernsehserien wie beispielsweise F*orsthaus Falkenau, Der Bergdoktor, Derrick* und *Das Traumschiff.* Sie hat zwei erwachsene Töchter und ist mit dem Regisseur Bernd Schadewald verheiratet. Seit 1990 engagiert sie sich für Menschen, die an Mukoviszidose leiden.

Pater Anselm Grün

Anselm Grün, geboren 1945 im fränkischen Junkershausen, wächst in München auf und verkauft als kleiner Junge Glühbirnen im Elektrogeschäft seiner Eltern. Im Alter von 19 Jahren tritt er in den Benediktinerorden ein und lebt fortan in der Abtei Münsterschwarzach bei Würzburg. Er studiert Theologie, Philosophie und Betriebswirtschaft und wird 1977 zum wirtschaftlichen Leiter der Abtei ernannt. Er verbindet die Tradition der alten Mönchsväter mit der modernen Psychologie und präsentiert seine Ansichten in Seminaren, Kursen und Büchern, mit denen er vielen Menschen Antworten auf ihre Fragen und spirituelle Führung bietet. Pater Anselm Grün gehört zu den meistgelesenen christlichen Autoren, seine Bücher wurden in 30 Sprachen übersetzt und weltweit bereits über 14 Millionen Mal verkauft.

Heiner Geißler

Der 1930 in Oberndorf geborene Heiner Geißler will ursprünglich Priester werden und tritt mit 19 Jahren in den Jesuitenorden ein. Nach seinem Austritt drei Jahre später studiert er zuerst

Philosophie in München, danach Rechtswissenschaften an der Universität Tübingen, wo er mit einer Arbeit über Kriegsdienstverweigerung promoviert. 1965 wird er zum ersten Mal in den Deutschen Bundestag gewählt, als Minister sorgt er ab 1967 für frischen Wind und Reformen im Bereich Soziales und Gesundheit. Er ist Generalsekretär und Mitglied des Bundesvorstands der CDU, bis er sich 2002 aus der Politik zurückzieht. Er veröffentlicht außerdem zahlreiche Bücher, vorwiegend über politische, soziale und religiöse Themen, aber auch eines über seine große Leidenschaft, das Bergsteigen. Er ist seit über 40 Jahren verheiratet und hat drei Söhne.

Robert Atzorn

Robert Atzorn wird 1945 in Bad Polzin in Pommern geboren und wächst in Hamburg auf, wo er zunächst Grafik an der Kunstschule in Hamburg studiert. Doch weil es ihn auf die Bühne zieht, wechselt er 1967 an die Neue Münchener Schauspielschule. Zwar beendet er die Ausbildung dort nicht, bekommt aber Engagements an verschiedenen Theatern. Ab 1970 spielt er nur noch Fernsehrollen. Bekannt wird er als Pfarrer Wiegandt in der Serie *O Gott, Herr Pfarrer,* wofür er 1989 die Goldene Kamera erhält, den endgültigen Durchbruch schafft er 1992 mit *Unser Lehrer Doktor Specht.* Seit 2001 ermittelt er als *Tatort*-Kommissar Jan Casstorff in Hamburg. Er ist seit 30 Jahren mit seiner Frau Angelika, einer ehemaligen Schauspielerin und Tänzerin, verheiratet und hat zwei erwachsene Söhne.

Wolfgang Ambros

Wolfgang Ambros wird 1952 in Niederösterreich als Sohn eines Volksschuldirektors und einer Lehrerin geboren und besucht die Schule seines Vaters. In Wien lernt er Josi Prokopetz kennen und schreibt zu dessen Gedichten erste Lieder, darunter *Der Hofa,* das 1971 über Nacht zum Erfolg wird. 1974 wird das Alpenmusical *Der Watzmann ruft* als Hörspielplatte produziert und ab 1982 live aufgeführt. Es folgen zahlreiche Nummer-Eins-Hits wie *Es lebe*

der Zentralfriedhof, Schifoan und *Zwickt's mi,* Wolfgang Ambros und seine Band gehen auf Tournee durch Österreich und Deutschland. 1997 steht er das erste Mal mit Rainhard Fendrich und Georg Danzer als *Austria 3* für ein Benefizkonzert auf der Bühne. Daraus entwickelt sich eine äußerst erfolgreiche Zusammenarbeit, die bis 2006 andauert.

Peter Hahne

Peter Hahne, 1952 in Minden in Westfalen geboren, studiert nach dem Abitur Philosophie, Psychologie, Evangelische Theologie und Germanistik. Ab 1973 ist er Chefredakteur »Politik« des Saarländischen Rundfunks, ab 1985 Moderator und Redakteur beim ZDF. Er moderiert *heute, heute journal* und *Berlin direkt,* 1999 wird er zum stellvertretenden Leiter des ZDF-Hauptstudios Berlin und erhält den Bambi-Publikumspreis als beliebtester Nachrichtenmoderator von ZDF und ARD. Er ist Mitglied des Rates der Evangelischen Kirchen in Deutschland und schreibt Kolumnen für die »Bild am Sonntag«. Er hat bereits mehrere Bücher zu christlichen und sozialen Themen veröffentlicht, wie etwa den Bestseller *Schluss mit lustig! Das Ende der Spaßgesellschaft.*

Christian Ude

Christian Ude wird 1947 in München geboren und wächst in Schwabing auf. Nach dem Abitur ist er als Volontär und Redakteur bei der Süddeutschen Zeitung beschäftigt, danach studiert er Rechtswissenschaften und arbeitet von 1978 bis 1990 als selbständiger Rechtsanwalt. Bereits ab 1972 engagiert er sich in der SPD. 1990 wird er zum Zweiten Bürgermeister der Stadt München gewählt, drei Jahre später zum Münchner Oberbürgermeister. Seitdem ist er zweimal wiedergewählt worden und hat zudem das Amt des Präsidenten des Deutschen Städtetages erhalten, seine Amtsperiode dauert noch bis 2008 an. Neben seiner Arbeit als Bürgermeister ist er zeitweise als Buchautor und Kabarettist tätig. Er ist seit über 20 Jahren mit seiner Frau Edith verheiratet, die bis 1990 Mitglied des Münchner Stadtrats war.

Veronika von Quast

Veronika von Quast, 1946 in Berchtesgaden geboren, zieht als Fünfjährige nach der Scheidung ihrer Eltern mit ihrer Mutter nach München. Sie absolviert eine Ausbildung zur Röntgenassistentin und hält sich mit Nebenjobs über Wasser, bis sie 1983 vom Bayerischen Rundfunk für das *Lachmagazin* entdeckt wird. Daraus entwickelt sich 1986 ihre eigene Sketchshow *Kanal fatal,* eine schrille Unterhaltunsserie, die sie seit mittlerweile 20 Jahren als Fräulein Vroni moderiert und mit der sie bekannt wurde. Zudem spielt sie in verschiedenen Fernsehfilmen und -serien mit und ist mit ihrem Programm *Nachtmusique* auf Tournee im süddeutschen Raum unterwegs. Ihre Tochter Nini von Quast ist ebenfalls Schauspielerin.

Franz Xaver Gernstl

Franz Xaver Gernstl wird 1951 in Jenbach am Wendelstein geboren und wächst in Rosenheim auf. Er absolviert eine Lehre bei der Bank, studiert Sozialpädagogik und steigt dann als Hospitant beim Fernsehen ein. 1982 beauftragt der Bayerische Rundfunk ihn und Hans Peter Fischer, einen Film zu machen – *10° östlicher Länge* entsteht. Gemeinsam mit einem weiteren Freund, Stefan Ravasz, beginnen Gernstl und Fischer, verschiedene Reisereportagen zu drehen, darunter *Allerhand Leute, Urlaubsgeschichten* und *Gernstl unterwegs* und werden dafür mit mehreren Preisen ausgezeichnet, wie etwa dem Adolf-Grimme-Preis. 2005 wird der Film *Gernstls Reisen – Auf der Suche nach dem Glück,* eine Zusammenstellung aus 20 Jahren *Gernstl unterwegs,* in den deutschen Kinos gezeigt. Zudem ist Gernstl Chef der erfolgreichen Medien-Produktionsfirma Megaherz.

Ilse Neubauer

Ilse Neubauer, 1942 in München geboren, träumt schon als Kind davon, Schauspielerin, Sängerin oder Tänzerin zu werden. Sie wächst in der Nachkriegszeit auf und zieht nach der Scheidung ihrer Eltern mit ihrer Mutter und ihrer Schwester nach Garmisch. Mit 18 kehrt sie nach München zurück und erhält, obwohl sie keine Schauspiel-Ausbildung hat, ein Schauspiel-Stipendium vom BR. 1973 ist sie erstmals im *Komödienstadl* zu sehen, danach spielt sie in zahlreichen TV-Serien wie *Münchner Gschichten, Meister Eder und sein Pumuckl* und *Irgendwie und Sowieso* mit. Der endgültige Durchbruch gelingt ihr 1987 mit der Rolle der Ilse Haslbeck in *Die Hausmeisterin* an der Seite von Helmut Fischer. Ilse Neubauer lebt in München und hat einen erwachsenen Sohn. Sie arbeitet vorwiegend als Sprecherin für den BR und widmet sich ihrer Leidenschaft, dem Gärtnern.

Werner Schmidbauer

Werner Schmidbauer, 1961 geboren, ist Fernsehmoderator, Journalist und Musiker. Er moderierte in zehn Jahren fast 400 Folgen der Kultsendung *Live aus dem Alabama/Schlachthof* und unter anderem für *Dingsda, Schmidbauer's, Unter 4 Augen* und *Die 2* (mit Sandra Maischberger). Mit der Produktion der BR-Reihe *Gipfeltreffen,* für die er auch die Musik geschrieben hat, begab er sich erstmals und erfolgreich auf das Terrain der Filmemacherei. Als Liedermacher hat Werner Schmidbauer seit 1994 acht CDs mit eigenen Liedern herausgebracht und gibt Live-Konzerte im süddeutschen Raum und in Österreich. Für seine Arbeit wurde er mit mehreren Preisen ausgezeichnet, darunter 1984 mit dem Adolf-Grimme-Preis. Er ist in zweiter Ehe verheiratet, hat drei Kinder und lebt im bayerischen Voralpenland.

Dieses Buch ist in Zusammenarbeit mit dem Bayerischen Rundfunk entstanden. Lizenz: BRW-Service GmbH.

Bildnachweis:

Ursula Stolle: Seite 8 (unten), 9, 11, 15 (oben), 16–21, 59, 63–69, 71, 76, 78–81, 83, 95, 99 (unten), 100–105, 107, 111–117, 119, 124 (oben), 125–129, 131, 137–141, 143, 147, 148 (unten), 149, 151 (unten), 152 f., 154 (oben), 156 (oben und Mitte), 157 f., 159 (unten)

Sonja Kops: Seite 6, 23, 28–34, 40–45, 47, 52, 55, 57, 148 (oben), 150, 151 (oben), 154 (unten), 155, 159 (oben), 160

Siegfried Schönacher: Seite 87–93, 156 (unten)

Werner Schmidbauer: Seite 8 (oben), 39, 135

Der Verlag dankt folgenden Institutionen für die freundliche Bereitstellung der Fotos: der *Tegernseer Tal Tourismus GmbH* für das Wallbergbild auf Seite 27, der *Alpenregion Wendelstein* (Fotograf: Albin Niederstrasser) für das Schweinsbergbild auf Seite 51, der *Tourist Info Aschau i. Chiemgau* für das Kampenwandbild auf Seite 75 und der *Berchtesgadener Land Tourismus GmbH* (Fotograf: Ammon) für das Bild von St. Bartolomä mit Watzmann-Ostwand auf Seite 89 sowie dem *Bayerischen Landesvermessungsamt* für den Kartenausschnitt auf dem Umschlag.

Bibliografische Information der Deutschen Bibliothek

Die Deutsche Bibliothek verzeichnet diese Publikation in der Deutschen Nationalbibliografie; detaillierte bibliografische Daten sind im Internet unter http://dnb.ddb.de abrufbar.

Umschlaggestaltung: ZERO Werbeagentur, München
Kartenausschnitt auf dem Umschlag: © Bayerisches Landesvermessungsamt
Karten im Innenteil: dtp factory, Susanne Bertenbreiter, München
Lektorat: Usha Swamy, Mareike Fallwickl
Produktion: Inga Tomalla
Layout und Satz: Nikolaus Hodina, München
Druck und Bindung: Bosch Druck, Landshut
Printed in Germany 2006

ISBN-10: 3-7205-2834-0
ISBN-13: 978-3-7205-2834-4